発達が気になる子への

読み書き指導ことはじめ

鴨下賢一 著

中央法規

はじめに

　文字の読み書きは教えられないと学べないものです。国によって言葉が違うように、生活する環境や人による影響がとてもあります。通常であれば何も気にしなくとも、言葉を覚え、話し、絵を描き、文字を書けるようになっていきますが、発達が気になる子どもたちのなかには、その一部やすべてが困難なことがあります。

　ひらがなの学習については、幼稚園などでひらがなの読み書きを教えるところもありますが、本格的に学ぶのは、小学一年生の国語の授業からになるでしょう。その学習方法は文字のなぞり書きや模写、絵を見てその名称をひらがなで書くこと、文字の撥ね払いや止めを正確に行うこと、音読などになります。

　発達が気になる子のなかには、この一連の学習方法では、うまく習得できないことがあります。文字が読めない、読んでも意味がわからない、読めるが書けない、書けても読めない、丁寧に書けないといった困りごとが挙げられます。「意味のある」文字の読み書きを可能にするには、物の名前や用途、物と物との関連性、社会的なルールなどを知り説明できる力や、形を見分けて真似して書ける力、形を覚えておきそれを思い出しながら書ける力、鉛筆を操作する力など多くの力が必要になってきます。そのなかのひとつでも苦手さがあると、通常の学習方法ではスムーズに学べない状況になってしまいます。特に読みに困難さがある場合には、学習に大きく影響します。学習がすすむと、教科を問わずに文章問題が多くなっていくからです。例えば、計算問題はできるが文章問題になると途端にできなくなってしまい、困っている子どもたちをよく見かけます。

　また文字の学習については、鉛筆を上手に動かせるようにと直線や曲線をなぞり、ひらがなをなぞらせたりすることがあります。そして、名前だけでも書けるようにと、画数が多く複雑な文字から書く練習をしている場合もあります。しかし、名前だけは書けるようになっても、一文字ずつでは読めず、結局書けても読めない「意味を持たない文字」になっていることがあります。文字を学習していくには、まず物の名前をたくさん知り、その名前の文字を読めるようになり、文字が読めるようになる必要があります。読みの過程を飛ばして書くことばかりするのではなく、意味のある文字の書きをできるようにしていくことで、本を読んだり、文章が書けるようになります。

　本書は、早期教育を目的としたものではなく、発達が気になる子どもたちが、学習や社会に出ていく際に役立つことを目指し、ひらがなの読み書きをすすめていくうえで必要な力を総合的に育てる手順を意識して解説しています。本書を活用されることで、発達が気になる子どもたちの文字学習がスムーズにすすむことを願っております。

2016年3月　鴨下賢一

読み書き相関図

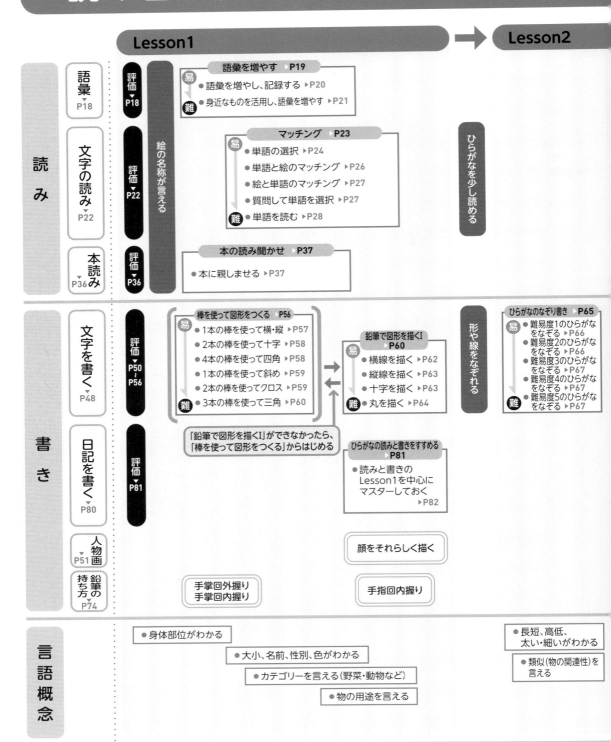

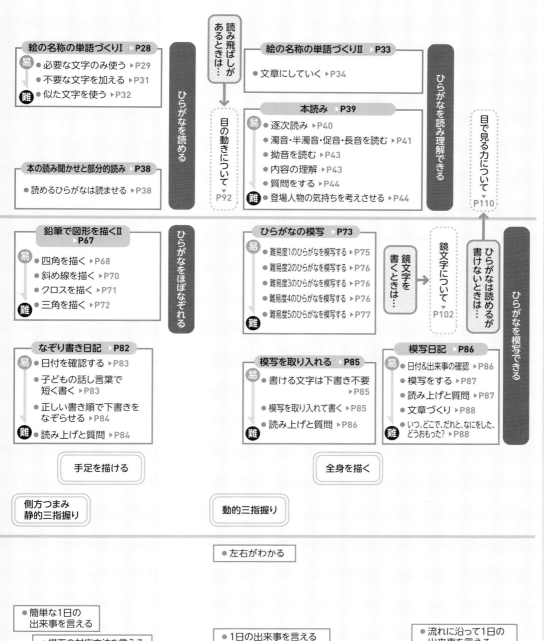

目次

はじめに

読み書き相関図 ——————————————————————— 4

第1章 読み書きの能力を身につけるために ——————— 11

1 読み書きの学習法 12
- ・読み書きの学習についての誤解を解く 12
- ・コミュニケーションとしての文字 12
- ・読み書きをはじめるタイミング 13
- ・読み書き相関図について 13

2 読み書きを学ぶにあたっての基本姿勢 14
- ・日常生活での働きかけ 14
- ・伝える能力を高める 14
- ・子どもとの接し方 15
- ・学習上の注意点 15

第2章 読みの学び方 ——————————————————— 17

1 語彙 18
評価方法　語彙の数は？ 18
指導方法　Lesson 1 　語彙を増やす 19
- ・Step 1 　語彙を増やし、記録する 20
- ・Step 2 　身近なものを活用し、語彙を増やす 21

2 文字の読み 22
評価方法　読めるひらがなは？ 22
指導方法　Lesson 1 　マッチング 23
- ・Step 1 　単語の選択 24
- ・Step 2 　単語と絵のマッチング 26
- ・Step 3 　絵と単語のマッチング 27
- ・Step 4 　質問して単語を選択 27
- ・Step 5 　単語を読む 28
Lesson 2 　絵の名称の単語づくりⅠ（1文字ずつ読む練習） 28
- ・Step 1 　必要な文字のみ使う 29
- ・Step 2 　不要な文字を加える 31
- ・Step 3 　似た文字を使う 32
Lesson 3 　絵の名称の単語づくりⅡ（文章づくり） 33
- ・文章にしていく 34

3　本読み　36

評価方法　どのくらい文章が読める？　36

指導方法　Lesson 1　本の読み聞かせ〜文字が読めない段階　37

・本に親しませる　37

Lesson 2　本の読み聞かせと部分的読み〜読める文字がある段階　38

・読めるひらがなは読ませる　38

Lesson 3　本読み〜清音が読める段階　39

・Step 1　逐次読み　40

・Step 2　濁音・半濁音・促音・長音を読む　41

・Step 3　拗音を読む　43

・Step 4　内容の理解　43

・Step 5　質問をする　44

・Step 6　登場人物の気持ちを考えさせる　44

第3章　書きの学び方 ———————————— 47

1　文字を書く　48

評価方法　〈その1〉人物画が描ける？　50

評価方法　〈その2〉図形が描ける？　53

評価方法　〈その3〉ひらがなが書ける？　56

指導方法　Lesson 1-1　棒を使って図形をつくる　56

・Step 1　1本の棒を使って横・縦　57

・Step 2　2本の棒を使って十字　58

・Step 3　4本の棒を使って四角　58

・Step 4　1本の棒を使って斜め　59

・Step 5　2本の棒を使ってクロス　59

・Step 6　3本の棒を使って三角　60

Lesson 1-2　鉛筆で図形を描くⅠ（横線・縦線・十字・丸）　60

・Step 1　横線を描く　62

・Step 2　縦線を描く　63

・Step 3　十字を描く　63

・Step 4　丸を描く　64

Lesson 2-1　ひらがなのなぞり書き　65

・Step 1　難易度1のひらがなをなぞる　66

・Step 2　難易度2のひらがなをなぞる　66

・Step 3　難易度3のひらがなをなぞる　67

・Step 4　難易度4のひらがなをなぞる　67

・Step 5　難易度5のひらがなをなぞる　67

Lesson 2-2　鉛筆で図形を描くⅡ（四角・斜め線・クロス・三角）　67

・Step 1　四角を描く　68

・Step 2　斜め線を描く　70

- Step 3　クロスを描く　71
- Step 4　三角を描く　72

Lesson 3　ひらがなの模写　73

- Step 1　難易度1のひらがなを模写する　75
- Step 2　難易度2のひらがなを模写する　76
- Step 3　難易度3のひらがなを模写する　76
- Step 4　難易度4のひらがなを模写する　76
- Step 5　難易度5のひらがなを模写する　77

2　日記を書く　80

評価方法　読める・書けるひらがなの数は？　81

指導方法　Lesson 1　ひらがなの読みと書きをすすめる　81

- 読みと書きのLesson 1を中心にマスターしておく　82

Lesson 2　なぞり書き日記　82

- Step 1　日付を確認する　83
- Step 2　子どもの話し言葉で短く書く　83
- Step 3　正しい書き順で下書きをなぞらせる　84
- Step 4　読み上げと質問　84

Lesson 3-1　模写を取り入れる　85

- Step 1　書ける文字は下書き不要　85
- Step 2　模写を取り入れて書く　85
- Step 3　読み上げと質問　86

Lesson 3-2　模写日記　86

- Step 1　日付＆出来事の確認　86
- Step 2　模写をする　87
- Step 3　読み上げと質問　87
- Step 4　文章づくり　88
- Step 5　いつ、どこで、だれと、なにをした、どうおもった？　88

第4章　確認　91

1　目の動きについて　92

評価方法　注視・追視・両目で見る力を調べる　93

〈その1〉注視や追視の確認　93

〈その2〉両目で焦点をあわせられるか　95

指導方法　1 風船を使った遊び　96

- Step 1　風船を上へあげる　96
- Step 2　風船をキャッチする　97
- Step 3　風船バレーをする　97

2 ボールを使った遊び　98

- Step 1　向き合ってボール転がし　98
- Step 2　距離を離す　98

- Step 3　横からボール転がし　99
- Step 4　距離を離す　99

3 テーブル上でボール転がし　99

- Step 1　コップでボールをキャッチ　100
- Step 2　ボールに変化をつける　100

4 テーブル上で指の追いかけっこ　100

- Step 1　指で線を描く　101
- Step 2　指で曲線を描く　101

2　鏡文字について　102

評価方法　鏡文字の確認　103

〈その1〉利き側の確認　103
〈その2〉左右の概念の獲得　104
〈その3〉鏡文字になりやすい文字を確認　105
〈その4〉横線・縦線の書き順を確認　105

指導方法　**1** 文字が左右反対になってしまう場合　105

- Step 1　箱に入っている文字と同じものを入れていく　105
- Step 2　正しい文字と鏡文字を仕分けさせる　106
- Step 3　書いた文字について正しいものを選ばせる　106

2 逆の書き順で線を描いてしまう場合　107

- Step 1　指で練習　107
- Step 2　鉛筆で練習　107
- Step 3　目印のある下書きで練習　108
- Step 4　下書きだけで練習　108
- Step 5　見本をまねて書く　108
- Step 6　見本なしで書く　108

3　目で見る力について　110

評価方法　位置関係を把握しているかを調べる　111

指導方法　**1** マス<1×2>を使って　116

- Step 1　用紙は縦に置く＋チップは交互に置く　117
- Step 2　用紙は縦に置く＋チップは交互に置く＋目かくし　117
- Step 3　用紙は横並びに置く＋チップは交互に置く　118
- Step 4　用紙は横並びに置く＋チップは交互に置く＋目かくし　118
- Step 5　用紙を縦長に配置して、繰り返す　119

2 マス<2×2>を使って　119

- Step 1　用紙は縦に置く＋チップは交互に置く　120
- Step 2　用紙は縦に置く＋チップは交互に置く＋4色のチップを4か所　120
- Step 3　用紙は縦に置く＋チップは交互に置く＋色の異なるチップを2か所　121
- Step 4　用紙は縦に置く＋チップは交互に置く＋同色のチップを2か所　121
- Step 5　用紙は横並びに置く　121

3 マス＜３×３＞を使って　122
　・Step 1　用紙は縦に置く＋チップは交互に置く　122
　・Step 2　用紙は縦に置く＋チップは交互に置く＋複雑な形　123
　・Step 3　課題見本のチップを移動させる　124
　・Step 4　課題見本へチップを戻す　124
　・Step 5　課題見本を見本として　125
　・Step 6　用紙を横並びに置く　125
4 マス＜５×５＞を使って　125
　・マス＜５×５＞を使って繰り返す　125
5 ドットで　126
　・マス目の代わりにドットで行う　127

読み書き指導一覧表　128
CD-ROMの使い方 ―教材―　129

コラム
　・カードを固定させる　30
　・人物画を描く練習　51
　・文字の形が崩れる場合　77
　・置く場所を数えて考えること　123

第 1 章

読み書きの能力を身につけるために

1 読み書きの学習法

読み書きの学習についての誤解を解く

　文字の読み書き指導を受けている子どもたちのなかに、点結び、線や文字のなぞり書き、文字と絵のマッチング課題などが繰り返し行われていることがあります。しかし、それでも、なかなか読み書きが習得できない光景を目にします。なかには、繰り返し自分の名前をなぞり書きしていた結果、名前だけは書けるようになったけれども、ほかの文字は書けない。そして、自分の名前と認識はできても、一文字ずつ読むことができないといった状況に陥ってしまっているケースもあります。

　もともと、文字はコミュニケーションの手段のひとつなので、まずはコミュニケーション能力を高める必要があります。人に何かを伝えることで、好きなことができたり手に入ったり、嫌なことがなくなったり、減ったりといった体験を繰り返すことが大切です。コミュニケーションの手段としては、はじめから文字でなくても構いません。ジェスチャーであったり、外に行きたいときに靴を持ってくるなどの実物の使用、写真やシンボルカードを使って伝えるなど、何でも良いのです。重要なのは、相手に伝えたい内容が子どものなかで明確になっていることです。そのためには、話はできなくても頭のなかでの言葉（内言語）が増えていく必要があります。

コミュニケーションとしての文字

　文字はコミュニケーションの手段のひとつと前述しました。そこで、単に「文字が書ける」だけでなく、「意味のある文字が書ける」ことが必須となります。そのためには、まず「物には名前があること」に気づく必要があります。そこで語彙（単語の総体）を増やす必要があるのです。最初は、物と音が結びつくところから練習します。そして、次第に物と文字（単語）が結びついていきます。例えば、ラーメンと書かれているお店の看板を見て、「らーめん」とわかるようになるということです。

　文字全体のイメージで、その文字の意味がわかるようになっていきます。この段階では、1文字ずつ文字が読めなくても構いません。1文字ずつ文字が読めるようになるためには、車を見て「くるま」と言えるようになり（言葉で言えなくてもわかっている）、次に車と「くるま」といった

単語との関連づけ（マッチング）ができること、そして、車は「く」と「る」と「ま」の3文字からできていて、1番はじめは「く」、2番目が「る」、3番目が「ま」と、単語ひとまとまりでなく1文字ずつの音と順番がわかるようになる必要があります。そのため、文字を書く前段階として、文字の読みをすすめていきます。この段階を無視して文字のなぞり書きばかり行わせても、なかなか読めるようにも、書けるようにもならないのはそのためです。

読み書きをはじめるタイミング

　文字の読み書きを練習するタイミングとしては、子どもが文字に興味を持ちはじめたときです。子どもが文字の読み書きに興味を示すようになるのは、「絵本が読みたい」、「友達に手紙を書きたい」、「好きなキャラクターの名前を覚えたい」などといった欲求がきっかけになることがあります。そこで、普段から絵本の読み聞かせをして、文字に触れる機会を増やしていくことが大切です。

　また、実際に文字の読み書きを練習しはじめるときは、子どもの興味関心のあるものから行うと良いでしょう。乗り物が好きなら乗り物から、動物が好きなら動物からといった具合です。そして、車の絵を見て「くるま」と名前がわかり、「くるま」と書けるようになるだけではなく、車は乗り物であり、人や荷物を運べるもの、4つのタイヤがある、ガソリンで走っている、乗るときはシートベルトをしなくてはならない、シートベルトは警察に捕まる（しかられる）からつけるのではなく事故を起こしたときの安全のためにつけるなど、さまざまな概念や知識、理解する力も併せて育てる必要があります。このような力が育つことで、文章を読んで理解したり、自分の考えや意見を文章で表せるようになっていきます。

読み書き相関図について

　以上のように、文字を書くことは、文字を読む力と強い関係性があります。また、文字を書くにあたっても、鉛筆の持ち方の発達、絵を描く発達などが関係し、さらにそれらが発達していく（獲得していく）過程には順序性があります。文字が読める力についても、語彙を多く知っていることや、形を認識する力など、さまざまな発達と密接な関係性があるのです。

　これらの関係性が崩れていると、文字は読めるが書けない、名前だけは書けるようになったけれども他の文字は書けないなどの偏った状況に陥ってしまいます。これらの関係性を一覧表にして示したのが、本書の冒頭にある「読み書き相関図」です。これは本書の全体図であり、読み書きを獲得するまでの全体像でもあります。一覧表に従って、文字の読み書きに必要な発達の順序性や関係性を把握しながら、子どもの支援をしていきましょう。

2 読み書きを学ぶにあたっての基本姿勢

日常生活での働きかけ

　普段から日常生活で使用する物や場所の名前、使い方などを教えていき、覚えているかを確認すると良いでしょう。そうしたなかで、語彙や理解力が発達していきます。絵カードなどの教材で学習するのも良いのですが、可能であれば実物を見て触ったほうが、素材を感じたり、様々な方向から感じとれるものがあります。また、実際に使ってみることで用途も体験できます。人は体験することで、記憶に残りやすくなります。買い物に出かけたときもチャンスです。野菜を買いに行ったら子どもに「人参を持ってきて」とお願いすると、子どもは野菜の名前を覚えていくでしょう。

　家のなかでは、よく使う場所や物に、ひらがなでその名前を書いたカードをつくり、貼っておきます。例えば、トイレの入り口に「といれ」、お風呂の入り口に「おふろ」、テレビに「てれび」と貼り、それらを使うたびに、そのカードを読み上げます。そうすると次第に、子どもも物の名前を言えるようになっていきます。言えるようになってきたら、今度はカードをはがして集め、実際の場所と関係のないところに貼ってもわかるかを確認してみましょう。

　外出先では、例えば、動物園に行ったら動物の写真を撮影しておいて、表に動物の名前をひらがなで書き、裏にその動物の写真などを貼り付けたカードを何枚かつくります。めくったときに文字が逆さまにならないように、写真に対して文字は逆に書いておくと良いでしょう。文字を表にして、壁などに貼っておきます。裏をめくって見られるように、カードの上だけをテープで貼ると良いと思います。子どもがカードをめくるたびに動物の写真が確認できるというような遊びを通じて、次第に文字を見ただけでもどの動物なのかがわかるようになっていきます。このように、語彙の獲得は日常生活のなかに遊びとして組み込んでいくと良いでしょう。

伝える能力を高める

　読み書きの能力を高めるためには、人に伝える能力を伸ばしていくことも欠かせません。例えば、子どもが幼稚園や学校などであった出来事を親に伝えられる環境を確保するなど、普段からのコミュニケーションが大切です。少しの時間でもかまわないので、子どもの声に耳を傾けるようにしていきたいものです。子どもは、親からの質問にうまくこたえられないと、次第に「知らない」

とか「忘れちゃった」などと言うようになってしまいます。このような場合には、子どものお迎えをしていれば、当日に担任から子どもの様子を確認したり、連絡帳を活用するなどして、子どもにあった出来事を知ることができるような工夫をしておきましょう。

工夫と言えば、担任にデジタルカメラなどを渡し、その日の出来事がわかるシーンを数枚撮影しておいてもらう方法もあります。本当に忘れてしまう場合や、伝え方がわかりにくかったりする子どももいます。そこで、子どもがその日の出来事を思い出して話せるように、このような情報をもとに親がヒントを与えながら、子どもの記憶を引き出すお手伝いができると良いでしょう。

子どもとの接し方

生活のなかで、子どもがいたずらをしたときもチャンスです。ただ頭ごなしにしかるのではなくて、何がしたかったのかを確認し、さらにそれは良いことなのか悪いことなのかを確認していきます。子どもは「いけないことをした」ということはわかっているので、聞けば「悪いこと」とこたえるでしょう。しかしそれで終わらせずに、「なぜいけないのか」を一緒に考えるようにしていきます。

このように、何か困りごとや問題があったときなどに、まずは事実を確認し、どうしたら解決できるのか、次からはどのように対応したら良いかなどを親子で一緒に考えていく姿勢が大切です。それらの積み重ねが、学校生活を有意義なものにしたり、社会に出ていくための力を育んでいきます。

学習上の注意点

今回、本書で紹介している読み書きの練習方法は、作業療法で行われている支援内容のごく一部です。学習の場面では、子どもが自信を持って、楽しくこたえられる環境づくりに配慮しましょう。指導者がイライラしたり、子どもが明らかに疲れている様子であれば、無理して続けることなく、中断するほうが望ましいでしょう。

また、練習してもなかなかうまくいかない場合には、医師に相談して作業療法士の指導を受けられるようにしてください。

第 2 章

読みの学び方

1 語彙

　文字の読み書きの練習をはじめる前に、まずは子どもがどれほど語彙を持っているかを確認します。読み書きの発達を知るうえで、どれだけ物の名前を理解しているかは重要な指標となります。語彙の少ない段階で読み書きの練習をしても、効果は期待できません。読み書きの発達状況を把握すれば適切な指導が可能になるとともに、どれだけ発達したかも把握できます。

評価方法　語彙の数は？

どのくらい語彙の数を持っているか、物の名前を知っているかについて確認します。

準備

語彙記録シート（教材1）

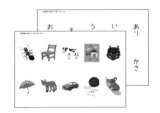
絵文字カード（教材9）

方法

　絵文字カードの絵を使用します。絵を1枚ずつ順番に見せて、絵の名前を言ってもらいます。名前が正しく言えたものと言えなかったものとに分けて語彙記録シートに記録します。「はし」を「おはし」と言ったり、うまく発音できなかったものについては「言えたもの」として、こたえられなかったり、明らかに間違っている場合には「言えなかった」ものとして分類します。

発語のない（話すことができない）子どもに対しては、カードを5枚ほど並べて「○○はどれ？」と聞き、指さしでこたえてもらいます。語彙記録シートにはそれがわかるようにコメントしておきます。

最初は　　　　　　　　　　発語がない場合は

指導方法

Lesson 1　語彙を増やす

　読み書きを学ぶ前提として、まずは語彙がどれだけあるかが重要であることをお話しました。前述の評価で語彙が少ない場合は、語彙を増やしていく必要があります。ここでは、語彙を増やす方法を学びます。

　語彙を覚える順序としては、「名詞」からはじまり、次に「動詞」・「形容詞」などへとすすめると良いでしょう。名詞だけでは文章を作成することはできません。そこで、名詞を覚えてきたら、動詞や形容詞なども覚えていくようにします。まずは語彙記録シートを参考に行ってみてください。

準備

 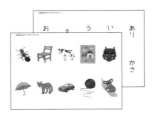

語彙記録シート（教材1）　　絵文字カード（教材9）

step1　語彙を増やし、記録する

　語彙の評価で行った方法を繰り返し、語彙を増やしていきます。わかるものが増えてきたら、再度語彙記録シートに記録して、言える語彙が増えているかを確認します。言えるものが増えたことを子どもと一緒に喜ぶと、子どもは一層やる気が出て効果的です。

POINT ■ ポイント

普段から身の回りにある物の名前を教える

　普段からのかかわりとして、絵の実物が日常生活にある場合は意識して確認したり、教えてあげたりしてください。また、覚えてほしい物の絵や写真を表にしたカードを目に入りやすい壁に貼るなどして、日頃から接する機会を増やします。絵本に出てくる物の名前を教えてあげるのも良いでしょう。

step 2 　**身近なものを活用し、語彙を増やす**

　絵文字カードがすべて言える（発語がない場合は選択できる）ようになったら、語彙を増やすために別の絵文字カードを用いたり、身近なもの（実物）を使って、物の名前をさらにたくさん覚えられるようにします。絵や写真、身近にあるもの、身につけるものなどを活用しながら、動物、乗り物、果物、野菜などの分野別に語彙を増やしていきます。乗り物が大好きな子どもは乗り物からというように、興味関心の高いものからはじめていくことも大切です。

2 文字の読み

　ひらがなが読めるように、評価とその学習法を学びます。はじめは教材の絵文字カードの利用をおすすめしますが、好きなカテゴリーからはじめてもかまいません。ただし文字数が少ないこと、促音・拗音・濁音などのない清音からであること、そして少ない量から行うようにします。

　子どもが難しそうであればステップを無理にあげず、ひとつ前の段階を繰り返し行うほうが良いでしょう。最初から使うカードの量を増やさず、言えるものが増えてきたら次第に増やしていくことが大切です。

　練習時間は、習慣化するために「帰宅後すぐに行う」などと決めておくと良いでしょう。終了したらおやつ、テレビなど好きなことができるような設定をしておくと、子どものやる気につながります。毎日バラバラの時間帯だったり、眠くなった状態では行わないようにします。

　子ども自身が、「自分はひらがな読めるんだ」といった自信がつくように、必ずほめるなどのかかわりも重要です。読めるものが少なくても確実にできるものを増やし、自信をつけさせるために必ずほめましょう。学習を終えた日はカレンダーに丸印をつけるなど、頑張りがひと目でわかるようにするのも良いでしょう。

　指導者がイライラしたり、しかるくらいなら中止してください。また、ここでは、カード類を多く使用しますが、子どもがカードで遊んでしまったり、ぐちゃぐちゃにする場合は、練習時間以外は目のつかないところに置いておきます。

評価方法　読めるひらがなは？

どのくらいひらがなが読めるかについて確認します。

準備

読みチェックシート
（教材2）

ひらがな書字難易度表
（教材4）

ランダム50音表（教材5）

方法

　ひらがながバラバラに配置されているランダム50音表を使って、１文字ずつ読めるかどうかを確認します。読みチェックシートに、子どもが読めた場合は○、わからない場合は未記入、間違えて読んだ場合には、横に間違えて読んだ文字を記入します。子どもが否定されたと感じたり、やる気を低下させないように、目につくところに×をつけるのは避けます。

　以下の指導方法に出てくる「マッチング」をすすめながら、ときどき読める文字が増えたかを読みチェックシートで確認していきましょう。その結果を子どもに見せて、頑張っていることをほめてあげましょう。

音の種類

	意　味	例
清音（せいおん）	撥音と促音を除く、濁音や半濁音のない仮名（１文字）で表す音	あ、い、う、え、お
濁音（だくおん）	「゛」をつけて表し、にごる音	が、ぎ、ぐ、げ、ご
半濁音（はんだくおん）	は行に「゜」をつけて表す音	ぱ、ぴ、ぷ、ぺ、ぽ
撥音（はつおん）	１音節をなす鼻音	ん
促音（そくおん）	つまる音	っ
拗音（ようおん）	ねじれる音	しゃ、しゅ、しょ
長音（ちょうおん）	母音をのばして発音する音	おかあさん、そうじき

指導方法

Lesson 1　マッチング

　読める文字を増やす練習に「マッチング」という手法があります。ここでは、絵文字カードを活用し、例えば単語を見てそれを表す絵を選んでもらったり、逆に絵から、それを表す単語を選んでもらったりします。絵文字カードは複数枚用意します。

　この段階で「単語」を読める必要はなく、単語全体のイメージで選択できれば良いです。読みの練習として"１文字ずつ読む"ことからはじめるよりも効果的です。１文字は、それだけでは意味をなさないものが多いため、イメージがつかみにくいからです。まずは単語全体のイメージで読み取れる力を伸ばしていきます。

　最初は「清音」からはじめて、次に「濁音」へと取り組みます。濁音に入れば、半濁音（例.ぱん）、拗音（例.てぃっしゅ）、促音（例.らっぱ）、長音（例.らあめんをらーめんと読ませる）が混ざってもかまいません。文字数は２〜３音節からはじめますが、「れいぞうこ」など生活のなかで身近なものは、文字（音）の数が多くても良いでしょう。

準備

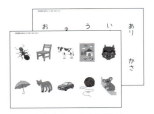

絵文字カード（教材9）

step1 単語の選択

「 評価方法 読めるひらがなは？」（⇒22頁）で読めるひらがなが使われている絵文字カードを使用します。読めない文字が入っている絵文字カードは、言えるようになってから使用します。

絵文字カードの単語（文字）のほうを表にして2枚ずつ並べ、指導者は「〜はどっち？」と聞きます。子どもが選択したカードをめくり、絵を見せて、正しく選択できたかを確認させます。間違っていた場合は、残りの1枚をめくって見せます。カードの位置を再びかえるなどして繰り返し行います。2枚とも正しく選択できるようになったら、次の2枚にすすみます。この2枚も正しく選択できるようになったら、前の2枚とあわせて4枚の組み合わせをかえながら2枚ずつ提示し、正しく選択できるようにします。これもできるようになったら、新しい2枚のカードを加えます。こうして、少しずつ確実に選択できるものを増やしていきます。

POINT ■ ポイント

絵を選択させるほうが難易度は低い！

step 1 のように単語を選ばせるよりも、絵を選択させるほうが課題の難易度は低いです。そこで、言えなかった絵文字カードついては、必ず絵を選択させることからはじめます。例えば、絵を表にしたカードを2枚並べます。「〜はどっちかな？」と聞き、正しく選択できるようになるまで繰り返し行います。確実にわかるものを増やしたいので、最初から多くのカードを使うのではなく、5〜10枚程度のカードに限定します。わかるようになってきたら、新しい5〜10枚程度のカードを使用していきます。

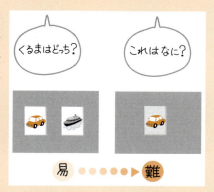

　絵を正しく選択できるようになってきたら、今度は絵文字カードの絵を1枚ずつ見せて「これはなあに？」と聞き、名前を言えるようになるまで繰り返し行います。

　覚えにくい場合はあまり欲張らず、少ない枚数から行うことが大切です。

見分けやすい単語の組み合わせから

　絵文字カードの単語は、例えば「め」と「うま」など文字数が異なっているとか、見分けやすい単語を組み合わせて選択させると良いでしょう。例えば「やかん」「みかん」は3文字同士で文字数も多く、かつ同じひらがなが使われているため、見分けにくい組み合わせになります。

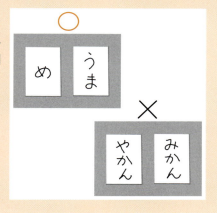

step 2　単語と絵のマッチング

step 1 で正解した絵文字カードを用意します。例えば「うま」と「すいか」の場合、「うま」の単語を表にしたカードを上に置き、その下には「うま」と「すいか」の絵のほうを表にしたカードを並べて置きます。指導者は「うま」の単語を指さして「これはどっちかな？」と子どもに聞きます。子どもは選択したカードをめくり、正しく選択できたかを確認させます。間違っていた場合は、残りの１枚をめくり見せます。不正解の場合は、カードの位置をかえるなどして、正解するまで繰り返します。

次に、「すいか」の単語を表にしたカードを上に置き、同様の手順で行います。こうして、カードをかえながら、単語と絵をあわせていきます。

はじめからたくさんのカードで行わず、確実にあわせられるものを増やしていきます。

POINT ■ ポイント

カードをめくるのは１枚ずつ

両手を使って絵文字カードを２枚ともいっぺんにめくってしまう場合は、利き手でないほうの手を膝の上に置くように指示します。それでも両手でめくってしまう場合は、利き手でない手を指導者が押さえておきます。片手で２枚ともめくってしまう場合は、片手を押さえつつ、１枚めくったら次をとらせないようにします。衝動的に２枚をいっぺんにめくってしまうと、じっくり考えたり、落ち着いた適応行動が身につかず、基本的な学習態度が育ちにくくなります。その結果、学習効果もあがらなくなってしまいます。

step 3　絵と単語のマッチング

step 2 の逆パターンです。step 2 で正解した絵文字カードを用意します。例えば「うま」と「すいか」のカードの場合、「うま」の絵を表にしたカードを上に置き、その下には「うま」と「すいか」の単語を表にしたカードを並べて置きます。「うま」の絵を指さして、「これはどっちかな？」と子どもに聞きます。子どもは選択したカードをめくり、正しく選択できたかを確認させます。間違っていた場合は、残りの1枚をめくり見せます。不正解の場合は、同じカードの位置をかえるなどして、正解するまで繰り返します。次に、「すいか」の単語を表にしたカードを上に置き、同様の手順で行います。カードをかえながら、絵と単語をあわせていきます。

はじめからたくさんのカードで行わず、確実にあわせられるものを増やしていきます。

step 4　質問して単語を選択

step 2 、step 3 でマッチングできるようになった絵文字カードを3枚ほど選び、単語を表にして並べて置きます。「〜はどれだ？」と単語を読み上げ、子どもに選択をさせます。そのカードをめくり、あっているかを確認させます。次第にカードの種類をかえたり、枚数を増やして行います。

> step 5　単語を読む

　step 4 で単語を選択できるようになった絵文字カードを用意します。最初は5枚程度からはじめると良いでしょう。単語を表にして「これな〜んだ？」と子どもに聞きます。子どもが読めたらひっくり返し、絵と読みあげた単語があっているかを確認します。次のカードで順番に同じことを行っていきます。難しいようであれば、 step 4 を繰り返し行います。

POINT ■ポイント

語彙が増えてきたらカードを作成

　教材の絵文字カード以外の語彙が増えてきたら、その絵文字カードを作成し、各ステップで加えていくと良いでしょう。

Lesson 2　絵の名称の単語づくりⅠ（1文字ずつ読む練習）

　ここではじめて、1文字ずつ読むことに向けての練習を行います。使う文字は清音のみで、文字数も2〜3音節くらいからはじめましょう。あくまでも文字読みの初期段階ですので、濁音や半濁音、拗音や促音、長音などは入れないようにします。
　ここでの目標は、確実に文字を選択できるようになることであり、絵に対して必要な文字が選択でき、その順序性が正確にわかるようになることです。例えば、「うま」であれば、構成している文字数は「う」と「ま」の2つであり、文字の順番は1番目に「う」、2番目に「ま」がくることがわかる

ということです。

　清音以外のものは、「3　本読み」（⇒36頁）で教えていきます。

　step1 、step2 とすすめていく間に、時折ランダム50音表を利用して、読めるようになった文字を読みチェックシートに記録します。

準備

読みチェックシート
（教材2）

ランダム50音表（教材5）

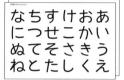
文字チップ（教材6）

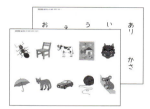
絵文字カード（教材9）

step1　必要な文字のみ使う

　「Lesson1 マッチング」（⇒23頁）でできるようになった絵文字カードと、文字チップを使用します。絵を表にした絵文字カードを1枚置き、絵の単語分の文字チップを絵の下に順不同に置きます。文字チップは、回転しないように置きます。そして、絵文字カードの横に、絵の単語をあらわす文字を順番に正しく、縦に並べるように子どもに指示します。

　正しく文字を並べられない場合には、絵の名称を子どもに言ってもらいます。指導者は、名称分の文字の数だけ指を立てて、子どもに見せます。例えば、「うま」であれば、指導者は2本指を立てます。そして、子どもと一緒に「う」「ま」と言いながら、反対の指で、立てた指を1本ずつさしていきます。

　「『う』『ま』だからはじめは？」と子どもに聞きながら、1番目の文字を気づかせていきます。子どもが「う」と理解したら、「う」の文字チップを絵文字カードの横に置かせます。もう一度「う」「ま」と言いながら立てた指をさしていき、2番目が「ま」であることを気づかせます。子どもが「ま」と理解したら、「う」の文字チップの下に「ま」の文字チップを置かせて単語を完成させます。

　絵文字カードをめくり、裏にある単語と文字チップで作った単語があっているかを確認します。文字チップを縦に置いたのは、めくった絵文字カードの単語と見比べやすいからです。右利きの場合は絵の右側、左利きの場合は左側

第2章　❷ 文字の読み

29

に文字チップを置くと良いでしょう。

　うまくできた場合は、次の絵文字カードにすすみます。

POINT ■ ポイント

文字チップを先にとってしまう

　子どもが絵の名称を確認しないですぐに文字チップを動かそうとする場合は、指導者が軽く子どもの両手をおさえます。絵と対応する文字を1文字言わせたら、おさえていた手を離して文字チップをとらせるという動作を繰り返し、単語を完成させます。

文字チップがうまく持てない

　文字チップがうまくつまめない場合には、ひらがな積み木などで代用するか、同じ大きさの台紙（厚紙）などに1文字ずつ文字チップを貼るなどして、つまみやすくします。

Column　カードを固定させる

　カードを使った指導では、子どもがカードを置くべきところへスムーズに置けなかったり、バラバラにしてしまったりして、課題に入れないことがあります。そこで、絵文字カードなどを使った指導では、カードを固定させる工夫を紹介します。

　絵文字カードと同じくらいの台紙（厚紙）を用意します。台紙の4隅にマジックテープのメスを貼ります。絵文字カードの絵でないほうの面の4隅にオスを貼ります。絵文字カードの横に、メスのマジックテープを縦1列に貼ります。長さは、文字チップが6文字程度置けると良いでしょう。絵文字カードの下には、メスのマジックテープを横1列に貼ります。文字チップの裏側にオスを貼ります。絵文字カードの下には順不同に置いた文字チップを複数枚置き、そこから絵の単語に見合った文字チップを選び、縦1列に貼ったマジックテープに置きます。

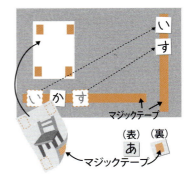

step 2　不要な文字を加える

step 1 が確実にできるようになってからすすみます。

清音2〜3音節の絵文字カードを使用します。絵を表にした絵文字カードを1枚置き、その単語分の文字チップと、さらに関係のない1文字を加えて、絵の下に順不同に置きます。文字は回転しないように置きます。

増やす文字は、まったく似ていない文字からはじめます。例えば、「ねこ」の場合は、「う・え・お・か・き・く・け」などになります。

絵文字カードの横に文字チップを縦に順番に、正しく並べるように子どもに指示します。うまくできた場合は、次の絵文字カードへすすみます。次第に、絵と関係のない文字を増やしていきます。

POINT ■ ポイント

1音ずつ読めない場合

50音表を順に「あいうえお」「かきくけこ」……、「わをん」と言わせても、一向に読みが上達しない場合があります。これは、1文字（1音）ずつでは読めないケースの子どもです。「あ」と聞くと「あいうえお〜♪」、「か」と聞くと「かきくけこ〜♪」と歌のように覚えているだけで、音と文字の関係性を理解していないことが考えられます。

「あ」というと「あいうえお〜♪」と言えるのは、文字の読みがわからないときに、思い出す方法としては使えます。例えば、「う」がわからなくても、「あ」が1番上にある文字だとわかれば、順に「あ・い・う」と言いながら指さすことで、「う」という読み方を思い出すことができます。しかし、「あ」という文字の手がかりから「あいうえお」を引き出しているだけなので、「う」1文字になると読めなくなってしまうのです。

1文字ずつ読めない場合は、「1　語彙　Lesson 1 語彙を増やす」（⇒19頁）、「 Lesson 1 マッチング」（⇒23頁）や「 Lesson 2 絵の名称の単語づくりⅠ」（⇒28頁）に戻ってみてください。

31

step 3　似た文字を使う

step 2 で間違えず文字を選択できるようになってきたら、「き」と「さ」、「め」と「ぬ」、「ね」と「わ」など似た文字を追加して行います。似た文字のほうがより正しく文字の形を識別する必要がでてくるので、難易度があがります。無理をせずに、最初は確実にできるところからすすめてください。難しければ、似た文字をはずしたり、追加する文字の数を減らすなどしてみましょう。

POINT ■ ポイント

読み間違いが多い場合

いつも読み間違えたり、わからない文字については、その文字だけを抜き出して読みを確認したり、複数の文字チップから「〜はどれだ？」と選択させます。例えば、「ひこうき」などは、実際の読みでは「ひこーき」「ひこおき」と言いますが、読みのときには「う」を意識させるようにしていくと良いでしょう。そして、「お」の文字チップを混ぜても、正しい文字を選べるようにしていきます。うまく発音できなかったり、不明瞭（構音）でも、文字は正しく選択できるようにします。

Lesson 3　絵の名称の単語づくりⅡ（文章づくり）

Lesson 1 と Lesson 2 を行うことで、語彙が増えて、名詞もたくさん覚えてきた段階に入ってきました。さらに「3　本読み　Lesson 2 本の読み聞かせと部分的読み」（⇒38頁）などもすすめてきているので、動詞も覚えてきた頃となります。そこでここでは、絵カードと文字チップを使って文章づくりを練習します。

　文章をつくるためには、動詞や形容詞などを名詞につなげていく必要があります。したがって、普段の生活のなかでも、名詞を覚えてきたら動詞や形容詞などを意識的に話して聞かせて、教えていくと良いでしょう。例えば、子どもが行う動作や様子を、支援者が実況中継のように言葉にして話してみる方法もあります。また、周囲の大人は、普段から助詞を意識して子どもと話すようにします。「みずのむ」とか「そといくよ」ではなく、「みずをのむ」とか「そとにいくよ」と、意識して聞かせてあげましょう。そうすることで、自然に耳から助詞を覚えていくことができます。相手の立場にたって考えることが未熟な場合には、「りんごをたべた」を「りんごがたべた」などと助詞の使い方を誤ることが多いです。

準 備

文字チップ（教材6）　　絵カード※

※「水を飲んでいる人」や「走っている人」「泳いでいる人」「買い物している人」などの絵を用意します。市販の絵カードを利用しても良いでしょう。

文章にしていく

　例えば、水を飲んでいる絵と「み」「ず」「を」「の」「む」の5枚の文字チップを用意します。その絵を見せて、5枚の文字チップを正しく並べられるようにしていきます。

> **POINT** ■ ポイント

文章をつくるのが難しい場合

① 絵カードで文章をつくる

　例えば、「水の入ったコップ」と「水を飲んでいる」絵カードをつくり、正しく順に並べて「水を飲む」を表します。このとき助詞は意識しません。関係のないカード、例えば「食べている」絵カードを混ぜて行うと、難易度があがります。

② 単語の単位で文章をつくる

　①ができるようになったら、文字チップを使って文章をつくっていきます。はじめは、使用頻度の高い「を」「に」を使って指導するのが良いでしょう。次第に不要な助詞も加えて選択肢を増やし、難易度をあげていきます。

3　本読み

　本の読み聞かせは文字を読む力をつけるだけでなく、話す力や理解力をつけるためにも非常に重要です。最初の段階では添い寝をしながら、または膝の上に座らせるなどして、子どもが安心して読み聞かせに集中できるようにします。

　本がうまく読めるようになるためには、視力や眼の動き、注意力、知識、理解力など多くの力が発達していくことが不可欠です。ここでは、読むことと読解力を育てていきます。以下の課題をすすめていくうえで、読むことが苦手だったり、読み飛ばしが多い場合には、目の動きの発達が影響しているかもしれません。その時には「第4章　3　目で見る力について」（⇒110頁）をお読みください。

　また、子どもがまぶしがる場合には、緑色などの色セロファンを本の上にかぶせると読みやすくなる場合があります。子どもによって好みの色が異なるので、いろいろな色で試してみると良いでしょう。学習のときに使用する場合は、眼科で色のついた眼鏡の作製を相談しましょう。

評価方法　どのくらい文章が読める？

絵本などがどのくらい読めるかを確認します。

準備

子どもの好きな、または興味のありそうな絵本

方法

　読めるひらがなが増えてきたら、絵本を使って確認します。子どもが興味・関心のあるものを探り、それがテーマになった本からはじめてみるのが良いでしょう。どの程度の時間じっとして聞いていられるか、自分で本が読める場合にはスムーズに読めるかどうか、読みの速さはどうか、読んだ内容について質問して答えられるかどうか、ストーリーを時系列に説明することができるかどうかなどを確認します。

　読めない場合は、読み聞かせをしたときに子どもが興味・関心を示しているか、本をどれだけ開いていられるかを確認します。これらを確認し、子どもが難しいと感じているところからレッスンに入りましょう。

指導方法

Lesson 1　本の読み聞かせ〜文字が読めない段階

　この段階では、文字がまったく読めませんが、読み聞かせは文字を教えるためにするわけではありません。絵本などの読み聞かせを通じて、親子の関係性を高めたり、人の話を聞く姿勢を育てることがねらいとなります。

　また、さまざまな本を読み聞かせることで、知識も豊富になっていきます。興味や関心が高まると、日常的な活動にも良い影響が出てくることがあります。例えば、排泄トレーニングに関する本の読み聞かせをすることによって、トイレットトレーニングがすすんだりすることがあります。似たような興味または関心のある友達と話題を共有することができたりするなど、対人関係の発達にも良い影響があります。

準備

子どもの好きな、または興味のありそうな絵本

本に親しませる

　子どもが文字を読めない段階では、絵本の読み聞かせを行います。読み聞かせを行うなかで、絵の名称を教えたり、確認したりしながら、絵本が好きになるようにしていきます。子どもの興味や関心のあるキャラクター本を活用するなど、読みたい本を子どもに選択させるのも良いでしょう。子どもに選ばせているうちに、背表紙の文字を見ただけで選べるようになっていくこともあります。

　また、子どもが集中できる時間からはじめましょう。最初から欲張って、たくさんの頁を読み聞かせることがないようにします。

Lesson 2　本の読み聞かせと部分的読み〜読める文字がある段階

　ここから、子ども自身にも読んでもらう工程が入ってきます。ひらがなが部分的に読めて、興味または関心が高まってきている時期には、もっと読めるようになりたいという気持ちが高まってきています。読めたときにほめられたりすることも、非常にうれしいことです。子どもが読める文字を把握しておいて、読み聞かせのときに読ませてみて、読めたときにはたくさんほめてあげましょう。そうすることで、子どもは文字への興味がさらに高まり、本読みへの興味も高まっていくことでしょう。

　本読みは非常に良い活動のひとつです。言語的な知識や理解だけでなく、社会的なマナーを学んだり、登場人物の気持ちを考えることなどで相手の立場に立って考えるといった心の理論の発達を促すこともできます。

　また、文字が部分的に読める時期には、友達に手紙を書きたがるものです。文字に見たてて、十字を繰り返し書くようなことをします。そして、簡単な横と縦で構成されているような文字の書きかたも教えていくことができる時期です。

準 備

読みチェックシート（教材2）

ランダム50音表（教材5）

子どもの好きな、または興味のありそうな絵本

読めるひらがなは読ませる

　ランダム50音表を用意して、読めるひらがなを確認し、読みチェックシートにも記入しておきます。読めるひらがながある場合は、絵本の読み聞かせの際に、その文字をさして子どもに読ませてみます。子どもが読めた場合には、絵本が読めるようになってきたことをほめて、「自分は本が読めるんだ」という自信をつけさせていきます。

Lesson 3　本読み〜清音が読める段階

　子ども自身で大部分を読む工程に入ります。この段階では、ほぼ清音が読める段階に入ってきていますが、まずは正しく、スムーズに読めるようにしていきます。そして段階を追って、濁音や半濁音、促音や長音などの読みに入っていきます。

　濁音、半濁音、促音、長音などが読めるようになり、さらに拗音が読めるようになりつつある段階に入ると、歴史的かな遣いも読めるようになってきます。歴史的かな遣いで代表的なものは「は」と「わ」、「へ」と「え」などの区別です。まずは支援者が正しく読み聞かせ、次に子どもが読むことにあわせて、歴史的仮名遣いの部分を読みあげます。「は」と「わ」を間違えるときは、はじめに出てくる「は」は「は」、最後に出てくるのは「わ」と読むことを伝えても良いでしょう。あまり意識させすぎると、例えば頭の文字に「は」や「へ」がついていると、そちらも「わ」「え」と読むようになり、混乱してしまう場合があります。混乱するようであれば、歴史的仮名遣いの指導はもう少しあとにします。

準備

子どもの好きな、または興味のありそうな絵本

step1　逐次読み

　ひらがなの清音がほぼ読めるようになってきたら、子どもに本を読ませるようにしていきます。子どもに読ませる場合には、子どもの年齢に関係なく１〜３歳対象程度の、すべてひらがなで書かれており、文字は大きくて少なめ、文字の間隔があいている絵本を使いましょう。文字が小さく、びっしりと書かれているような本は、子どもであれば見ただけで読もうという気力が失せてしまうでしょう。文字が小さい場合には、拡大コピーをするなどして、見やすくしても良いでしょう。

　フォントは、ゴシック体が読みやすいですが、「さ」を「さ」とつなげて書かれているようなものは読みにくい場合があります。カタカナを読む場合は、ひらがなでふりがなを書いてあげましょう。読めない文字がある場合には、その都度教えてあげます。

POINT ■ ポイント

読むスピードは読みの理解と比例する

　読むスピードがあがっていれば、読みの理解もすすんでいると言えます。１文字ずつを逐次読みする段階では、まだ内容の理解は難しいです。

カタカナはひらがなが読めるようになってから

　ひらがなが確実に読めるようになるまでは、カタカナは意識的に教えないようにします。子どもが興味を持つようであれば、その読みについては教えてあげてもかまいません。

step 2　濁音・半濁音・促音・長音を読む

　清音の本読みがスムーズになってきたら、濁音や半濁音、促音、長音を教えるようにしていきます。濁音の場合、例えば「ぼうし」であれば「ほに点々がつくとぼだよ」と教え、その音のある位置だけを意識させるのではなく、文章の流れで「ぼうし」と読めるようになるところからはじめます。半濁音の場合も同様に、「ぽ」の場合は「ほに丸がついているからぽだよ」と教えてあげます。促音は、最初は清音のように読み、その後正しく読み聞かせていくことで徐々に意識をさせて、理解を促します。長音は「棒がついているときは、長く言うんだよ」と教え、「すごーい」であれば「すごーい」と言って聞かせたり、一緒に言わせてみたりしていきます。

POINT ■ ポイント

読み飛ばしがある場合

　子どもに自分の指でなぞらせながら読ませたり、指導者が読むところに指をさしてあげると良いでしょう。子どもが読むのに少し遅らせて、一緒に読み上げても良いです。うまく読めない部分は指導者が読み上げて、子どもにはそれをまねさせて、もう一度読ませます。

　また、文字が大きくて文字数は少ないものや、文字と文字との間隔があいている本に変更してみるのも良いでしょう。行を飛ばしてしまう場合には、不透明な紙や定規などで次の行をかくして、読む行をわかりやすくするなどの工夫をします。

　スムーズに読めるように、最初はその本を指導者が読み聞かせてあげるのも良いでしょう。

最後を適当に読んでしまう場合

　文章の最後を適当につくって読んでしまうことがある場合には、子どもに文字を指でなぞらせながら読ませます。それでも難しい場合には、読む文字のうしろは紙などでかくしてずらしながら読みすすめ、1文字ずつ確実に読ませていきます。

step 3　拗音を読む

　拗音は、子どもが「しゃ」を「しや」と読んだあとに、「し」と「や」を早く言ってみようと促して、「しや、しや、しや……しゃ」と子どもと一緒に次第に早く「しや」を繰り返し言い、「しゃ」と気づかせていきます。「でんしゃ」であれば、「『でんしや』でなく『でんしゃ』だね」と、拗音が出るたびに辛抱強く教えます。

　また、通常のひらがなと拗音のひらがなに丸印をつけて、丸印の大きさをかえることで意識させる方法もあります。読むときに、指導者が拗音以外は1本指でなぞりながらさし示し、拗音になったら2本指でさす方法などもあります。

step 4　内容の理解

　最初は、質問しやすい内容が書いてある行を読んで、その内容について聞いてみます。例えば「あかいくるまがはしっています」と読んだあとに、「何が走っているのかな？」と質問します。子どもがわからない場合には、もう一度読ませたり、「くるま」のところを指でさして読ませたりして「くるま」と気づき、読み取れるようにしていきます。また、「くるま」を色で囲んで、わかりやすくしても良いでしょう。

　文章に出てくる名称の意味が理解できているかも確認していく必要があります。例えば「車ってなあに？」と質問してみます。わからないようであれば、「お出かけするときに乗る乗り物だね」「タイヤが4つあるね」などと教えてあげます。実際に車で出かけるときにも「車に乗ろう」と言って聞かせたり、車を指さして「これはなあに？」と聞いてみたりしてみましょう。

> **POINT ■ ポイント**
>
> **１頁にひとつの質問**
>
> 　１頁読んだら、その頁に書いてある内容をひとつ質問するような形ですすめていけると良いでしょう。本はただ読めるだけでなく、読み取れているか、出てくる言葉の意味が理解できているかによって、言葉の理解力が違ってきます。１頁では内容が多い場合は、１行ずつ質問しても良いでしょう。あまりしつこく質問すると嫌になってしまうので、子どもの反応を見ながら楽しく確認するようにします。

step 5　質問をする

　スムーズに読めるようになってきたら、文字の多い文章を読んでいきます。質問の内容も、次第に書いてない内容を質問したりします。例えば、「たろうくんはころんでひざをすりむいてしまいました」と読んだあとに、「膝をすりむいたときはどうしたらいいのかな？」と聞いてこたえられるかを確認してみます。わからない場合には、子どもに転んだときの体験を聞いてみたり、すりむいて絆創膏を貼っている子どものイラストや写真を見せて「お母さんに言って、絆創膏を貼ってもらおうね」などと教えてあげます。こんなときはどうしたらいいのかな？　という内容の質問にこたえられる力を育てていきます。

step 6　登場人物の気持ちを考えさせる

　「あかちゃんがないていました」と書いてある場合に、「赤ちゃんはどうして泣いているのかな？」と聞いてみます。子どもがわからない場合には「お腹が空いたのかな？」などと、教えてあげます。また、「たいせつなおもちゃがこわれてしまいました」という文章を読んだあとに、「壊れてしまってどんな気持ちかな？」と登場人物の気持ちを考えさせる機会をつくります。相手の立場にたって気持ちを考えられるようになることは、対人関係やソーシャルスキルの発達に有効です。相

手の立場にたって気持ちを考えることは非常に難しい内容なので、わかりにくいようであれば、step5 までを取り組むようにしてみましょう。

POINT ■ ポイント

文章の区切りに／を

文章の区切りがわからないと、内容の理解がしにくくなります。文字の多い本になってくると、文字や音節ごとの隙間が狭くなります。わかりにくい場合には、音節の間に「／」（スラッシュ）を書きこんであげると良い場合があります。

相手の気持ちがわかる──心の理論

1歳半くらいの子どもは、見慣れないものを見るとそれを指さして親の顔を見るようになったり、気に入ったものを持ってきて見せてくれるようになります。これは、自分の気持ちを他者と共感しようとする芽生えと言えます。しかし、3歳くらいまでは、相手の立場にたって気持ちを考えたりすることは難しいとされているため、いたずらに対して厳しくしかってしつけるといった対応は無意味です。例えば、友だちのおもちゃをとってしまったときに、「おもちゃをとられたら、○○君が悲しいよ」などと言いきかせても、十分に理解できません。おもちゃをとられたら「泣いてしまう」という事実は理解できますが、その結果相手がどのような気持ちになるかまで把握することは難しいのです。

4歳以降になると、次第に相手の気持ちを理解できるようになっていきます。これは「心の理論」として説明されます。「心の理論」とは、事実だけを把握するだけでなく、相手の気持ちを相手の立場にたって考えられるようになる力のことです。例えば、部屋に指導者と子どもが二人いて、お母さんは部屋の外にいるとします。指導者が色鉛筆の箱を子どもに見せて「このなかに何が入っていますか？」と聞くと、子どもは「色鉛筆が入っている」とこたえるでしょう。次に、指導者は子どもの見ている前で色鉛筆を箱からすべて出し、かわりにはさみを入れて、蓋を閉めます。そして子どもに、「この箱のなかに何が入っていますか？」と聞きます。子どもは「はさみが入っている」とこたえます。さらに、「この色鉛筆の箱をおかあさんに見せたら、何が入っているとこたえると思いますか？」とたずねたときに、心の理論が育っている子どもは「色鉛筆と言うと思う」とこたえます。これは、お母さんは部屋の外にいて色鉛筆のかわりにはさみを入れた過程を見ていないので、お母さんの立場にたって考えることができる（心の理論が育っている）と言われるのです。

こうした「心の理論」の発達は、対人関係や社会性の発達に非常に重要なものとなります。

第3章

書きの学び方

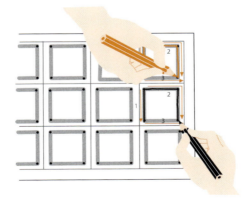

① 文字を書く

　文字を書くことは、文字をなぞるのではなく、発達段階にあった練習が重要です。文字を書く練習をはじめるには、文字が読めるようになっていることが前提となります。文字が読めるようになるまでは、文字をなぞって書く練習よりも、具体的な物をイメージしながら自由に書くことが一番大切です。

　最初のうちは、鉛筆の持ち方や筆圧も特に指示しません。絵を描くことが嫌いになったり、苦手意識を持つようになると、文字を書く練習自体がうまくすすめられなくなるからです。筆圧が弱い場合には、濃い鉛筆やマジックを使用するなど、道具を工夫します。書くことがうまくなっていくと、次第に筆圧も高くなっていきます。自然に適度な筆圧になっていくことが重要です。書いているときの姿勢や、どちらの手で鉛筆を持っているか、反対の手はどこに位置しているか、関節はどこを動かしているかを観察し、のちに修正すべきところは修正していきます。

　文字が読めるようになってきたら、文字を書くために必要な線や形を描けるような練習をすすめていきます。次に、文字を書く練習に入っていきますが、文字で物の名前を書くには、物の名前を頭のなかで音にして、その音の順序性を把握する力が必要です。例えば「みかん」と書くとしたら、「みかん」を見て頭のなかで「みかん」と言えて（わかる）、「みかん」には「み」と「か」と「ん」の3つの文字で構成されていること、さらに1番目が「み」、2番目が「か」、3番目が「ん」と順序性もわかる必要があります。順序性を把握する力が未発達だと、みかんを見て「みかん」とは言えるのですが、書くときに「ん」から書いたりすることがあります。これは、音や文字の並びなどのイメージを頭のなかで記憶して保持することや、記憶・保持したものを操作する力が未発達であることを示しています。

　文字を書くことの最終目標は「意味のある文字が書ける」そして「文章が書ける」ことです。下書きをうまくなぞれる、見本をまねしてうまく書けるようになっても、「文字の形が書けるようになっている」だけであって、意味を持った文章を書くことにつながりません。名前だけでも書けるようにと、そればかり繰り返し練習する光景をみますが、名前は書けるようになっても、そこから広げていくのは難しいです。

　最終的に文章が書けるためには、まず自分の意思や出来事などを相手に伝えられることが重要です。普段から本の読み聞かせを行ったり、昼間の出来事について子どもと話すなどをすると良いでしょう。ひらがなを実際に書く課題に入る頃には、本章の「2　日記を書く」（⇒80頁）の課題も開始できます。意味のある文字を書けるようになるには、文字を書ける、読めるの双方が必要とな

ってくるので、読みチェックシート（教材２）で読みの力も定期的に確認しながらすすめていきます。

　また、文字の書きに困難さがある子どもは、手先が不器用だったり、形を見分ける力や、どこから線を書きはじめたらよいかなどを見る力（位置関係を把握する力）が未発達な場合があります。そうすると、書けるが文字の形が崩れてしまう、読めるが書けない、左右逆の鏡文字を書いてしまうことがあります。ひらがなが読めるのに書けない場合は、先に「第４章　３　目で見る力について」（⇒110頁）で確認してみることをおすすめします。左右逆に文字を書いてしまう場合には、「第４章　２　鏡文字について」（⇒102頁）を参考に訓練してみてください。

　手先の不器用さが原因で文字の書きに困難を抱える子どもたちに、はじめから小さな文字で書かせたり、撥ねや払いを書かせると、結果的に読みにくい文字になることがよくあります。撥ね払いは小学校低学年で学ぶので、最初から撥ね払いを教えたほうが良いと思われがちですが、読める文字を書けることが大切なので、撥ね払いはせずに、線の最後は止めるように教えていきます。教材のなぞり書き＆見本を活用して、撥ね払いのない、そしてなるべく正しい書き順で書けるように支援します。

　子どもが一生懸命書いた文字を撥ね払いが不十分であることを理由にチェックされたり、間違いにされる。うまく文字の形を整えて書くことに困難さがあるのに、何度も書く練習をさせられたのでは、子どもは書くこと自体が嫌いになっていきます。小学校に入った時に、文字を書くことに苦労する傾向があるので、撥ね払いについては厳しくチェックしないように担任の先生に伝えていくといった「合理的配慮」を求めることも必要です。要望を伝えるときには、医師や作業療法士などに子どもの特徴や配慮点などを一筆書いてもらい、学校に提出すると良いでしょう。

　書きの学びは、「第２章　読みの学び方」（⇒17頁）で示した文字の読みをすすめることと並行しながら、段階的に練習していくことになります。書く動作には、椅子とテーブルの設定や姿勢保持（⇒50頁）、手指機能の発達（⇒74頁）なども非常に重要です。このあたりは『発達が気になる子への生活動作の教え方』（中央法規出版発行）も参照してみてください。

第３章　❶ 文字を書く

評価方法〈その1〉 人物画が描ける?

　顔をそれらしく描ける力がある場合には、既に横・縦の線で構成されている簡単な文字なら書く力があると考えられます。そこで、人の絵がどのくらい描けるのかを確認します。

　描くときは、子どもの身体にあった椅子とテーブルを用意して座らせます。椅子の高さは、子どもが深くしっかりと腰かけたときに、両足の裏が床にしっかりとつくものにします。机の高さは、背中を伸ばして座ったときに、机の上に出した肘が45度くらいの角度で置けるものにします。背もたれにもたれかけず、テーブルと身体の隙間は子どものこぶしひとつ分くらいをあけます。

　絵を描くことは、描く力を伸ばすだけでなく、鉛筆を操作する力にもつながります。時々、人の絵を描いてもらい、描く力の確認をしていくと良いでしょう。

準備

A4程度の用紙　　　　BやBB程度の鉛筆

方法

　テーブルの上に縦向きにした紙を置きます。その真ん中に芯を下向きにした鉛筆を縦に置きます。

　子どもに「人の絵を描いてください」または「お母さん(お父さん)の絵を描いてください」と指示して、自由に描いてもらいます。注意事項としては、「目は?」「口は?」「手は?」などと描くパーツを指示しないことです。顔だけ描いて終了した場合には、「顔だけでなく全部描いてみてね」とだけ促してみます。体や手足を描きはじめたら終わるのを待って、描き加えることがないようであれば、終了します。

　また、鉛筆をどちらの手で持つか、描いているときに逆の手に持ちかえるかどうか、鉛筆の握り方はどうか、筆圧はどうかも併せて確認しておきます。

> **POINT ■ ポイント**
>
> **身体部位を知っているかの確認に**
>
> 　人の絵を描いてもらうことで、目や口、手足などの身体部位の名前を知っているか、自分の身体のイメージはどれだけ育っているのかを確認することができます。また、自由に人物画を描いてもらうと、どのような線が描けているのかも知ることができます。人物画が描けるようになる目安としては、3〜4歳程度で顔らしい絵を描くことができるようになり、次に手足を描けるようになります。さらに全身が描けるようになり、正しい位置から手足が出るようになっていきます。

Column　人物画を描く練習

　人の絵が描けるようになるには、「描く」作業に入る前に、まず自分の身体を自由に動かせること、身体イメージをつかむことが重要です。自分の身体を自由に動かすには、皮膚や筋肉、関節などからの感覚をしっかりと受け入れて、無意識のレベルで身体へのイメージを持っていることが必要です。それは、車の運転がうまくなるためには、車両感覚が必要なことと似ています。そして、身体の部位の名称を覚えたり、位置関係を覚える必要もあります。身体部位の名称を知っているだけでなく、自分の身体を自由に動かせるようになることで、人の絵を描く力が促されていきます。

　子どもが描いた絵はとにかくほめて、家のなかに飾ってあげたりしましょう。子どもはうれしくなって、次もがんばろうという気持ちになります。ほかの子どもと比較するような発言は、子どもは否定的に捉えるので、避けましょう。

〈準備〉

身体のパズル（教材8）

大きな用紙
（子どもの実物大がなぞれるくらいのもの）

Bや2B程度の鉛筆

▶ステップ1　身体を使って

　自分の身体を自由に動かして遊べることが大切です。全身を使うような遊びといえば、例えばジャングルジムやトンネルくぐりなどがあります。また、日常生活では着替えなどの活動のなかで自分の身体を自由に使えるようになると、身体へのイメージが育まれます。

▶ステップ2　手をとって教える
　踊りや、ある姿勢をまねてみましょう。動きが加わると難しくなるので、まずは止まっている状態でまねてみます。うまくできない場合には、より単純な動作にします。体の動きについて、手をとりながら教えてあげることも必要です。手遊びなども良いでしょう。

▶ステップ3　身体の部位の名称を覚える
　自分の身体の名前を覚えていくことも大切です。はじめは自分で見ることのできる手、足、お腹や、意識しやすい目、口、耳などの名前から覚えると良いでしょう。次第に、自分の目では見えにくい部分（背中やおしり）なども覚えていきましょう。

▶ステップ4　身体の部位を意識させる
　大きな鏡の前に立たせて、身体の部位を意識して確認させてみましょう。ステップ3で覚えた身体の部位をクイズ形式で確認していくのも良いでしょう。

▶ステップ5　身体の輪郭を描く
　子どもを大きな紙の上に寝ころがし、指導者が身体の輪郭を描いて、それを子どもと見てみる遊びも良いでしょう。指を意識させるために、手の輪郭だけを描いてみるのも良いでしょう。

▶**ステップ6　身体のパーツを組み立てる**
　教材8を使って、身体のパーツを組み立てて全身をつくる練習をします。次第に、身体のパーツをもっと細かく分けていき、難易度をあげていくのも良いでしょう。

▶**ステップ7　身体のパーツの欠けた部分を描きたす**
　顔の輪郭だけが描いてある、または身体の一部が欠けている絵をつくり、子どもに身体の足りない部分を描き加えさせます。

評価方法〈その2〉　図形が描ける？

　教材を使いながら、絵や図形がどのくらい描けるのかを確認します。横線や縦線が描けるようになると、簡単なひらがなは書けるようになります。ここでは、線や形をどれだけまねて描く力があるのかを確認します。

準備

図形見本カード（教材10）　　　A4程度の用紙　　　Bや2B程度の鉛筆

方法

① 　横線を描く
　テーブルの上に横向きにした紙を置きます。その真ん中に芯を下に向けた鉛筆を縦に置きます。教材10-①を紙の上方に置き、それをまねて描くように指示します。

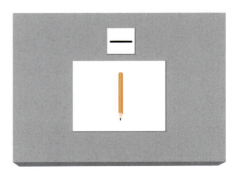

② 　縦線を描く
　教材10-①を使って、①と同様に行います。

③　丸を描く

　③以下は、①と②ができた場合にすすみます。教材10-②を使って、①と同様に行います。1つだけ丸を描いてもらい、最後に線が閉じているかを確認します。

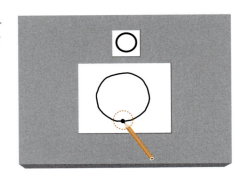

④　十字を描く

　教材10-②を使って、①と同様に行います。2本の線が交差しているか、2本の線はどのあたりで交差しているか、横線や縦線が1本の線で描けているかどうかを確認します。

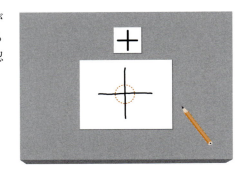

⑤　四角を描く

　教材10-③を使って、①と同様に行います。丸みを帯びずに角がきちんとできているか、4つの辺があるかを確認します。

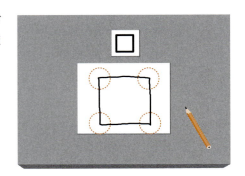

⑥　クロスを描く

　教材10-③を使って、①と同様に行います。斜め線が描けているか、2本の線のどのあたりで交差しているか、線が1本の線で描けているかどうかも確認します。

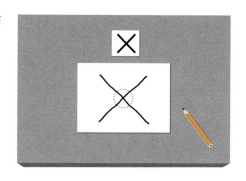

⑦　三角を描く

　教材10-④を使って、①と同様に行います。丸みを帯びずに角がきちんとできているか、2つの斜めの辺と1つの水平な辺があるかを確認します。

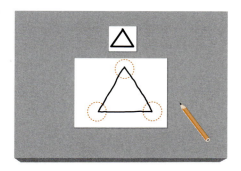

⑧　ひし形を描く

　教材10-④を使って、①と同様に行います。ひし形は7～8歳以上で描くことのできる、とても難しい図形です。これが描けるようであれば、ひらがなの書きはスムーズにできると思われます。見本のように、斜め線がすべてできているか、角が丸みを帯びていないか、上下の角が鋭角で、左右が鈍角になっているかを確認します。

POINT ■ ポイント

斜め線は難しい

　斜め線を描くのは非常に難しいものです。鉛筆を動かすにしても、横と縦の動きを上手に協調させながら動かす必要があり、概念としてわかりにくさがあります。子どもは1歳過ぎた頃から殴り書きをはじめます。2歳近くなると、ぐるぐると丸を描けるようになっていきます。次第に横線や縦線をまねて描けるようになり、3歳を過ぎると丸を1つ描けるようになっていきます。次に十字、そして四角が描けるようになり、4歳以降になると斜めの線が描けるようになり、クロスや三角がきちんと描けるようになっていきます。

評価方法〈その3〉 ひらがなが書ける？

書けるひらがながどのくらいあるのかを確認します。

準 備

書きチェックシート
（教材3）

なぞり書き＆見本
（教材13）

A4程度の用紙

BやaB程度の鉛筆

方 法

　書けるひらがながあれば、書いてもらいます。書けない文字については、なぞり書き＆見本を使って、見本を見たら書けるかどうかも確認します。見本の必要の有無、書ける文字と書けない文字を書きチェックシートで確認しておきます。横線、縦線、十字をまねて描ける力があれば、簡単な文字ならそれらしくまねて書くことができます。はじめは「い、こ、に、た」など、横と縦の線でできている文字からはじめてみます。

　画数が多い、斜め線や交差がある、回転する部分がある文字は難しいので、書けないようであればその時点でやめてください。子どもに文字が書けるという自信をつけさせたいので、苦手意識を持たせないかかわりが重要です。

指導方法

Lesson 1-1　棒を使って図形をつくる

　鉛筆で書くこと自体が未発達な場合は運動の要素が影響して、うまく線や形を描けない場合があります。そこで「書く」という運動要素をなくして、線の方向や傾き、形に集中できる環境を用意します。「 Lesson 1-2 鉛筆で図形を描く」（⇒60頁）からできれば、この課題は飛ばして先へすすみます。

> **準備**

タオルと割り箸

ボードとマグネットシート

タオルと8本の棒（4膳分の割り箸を割ったもの）のセット（左）、もしくは磁石のつくホワイトボードと細長く切った磁石のシート8本（右）

※割り箸を使うと棒がずれて動いてしまうときはタオルを敷く。不器用さがある場合には、ホワイトボードと磁石のほうがくっついて動かないので、こちらの組み合わせで行うと有効である。マグネットシートなどをたんざくの形に切って使う。ホワイトボードなどは百円ショップなどのお店で購入が可能。

step1　1本の棒を使って横・縦

　指導者は、子どもと机を挟んで向かい合って座ります（これは以下に続くすべてのステップに共通）。

　指導者と子どもは、1本ずつ棒を使います。

　指導者は、棒を机の下端と水平に置いたものを「横」、縦（机の下端と垂直）に置いたものを「縦」と子どもに教えます。指導者は、棒を横・縦に動かし、子どもに棒の向きをまねさせます。その時に「横・縦」の概念も教えていきます。

　机の天板から寝かした状態を「横」、直角に立てた状態を「縦」と教えてみるのも良いでしょう。また、床に寝ている状態は「横」、立っている状態は「縦」と、子どもの身体を使って横と縦の概念を教えるのも有効です。

step 2　2本の棒を使って十字

　指導者と子どもは、2本ずつ棒を使います。
　指導者は、棒で十字をつくり子どもにまねをさせます。はじめは、厚紙などで子どもに目かくしをしてつくる過程は見せずに、完成した見本を見せてまねをさせます。できた場合は step 3 にすすみます。一度に2本同時に動かして十字をつくろうとしてもうまくできない場合は、まず横に置いた棒を見本としてつくり、それを子どもにまねてもらいます。それができれば、次は十字になるように棒を縦に置き、子どもにまねしてもらいます。
　1本ずつ丁寧に動かしていくように伝えたり、交差する部分は棒の半分程度の位置にくるように教えていきます。難しい場合には、棒の半分（真ん中）はどこかを指さしさせて、その位置を把握させてから、行います。

step 3　4本の棒を使って四角

　指導者と子どもは、4本ずつ棒を使います。
　指導者は4本の棒で四角をつくり、子どもにまねをさせます。それができない場合には、指導者が四角をつくった状態から1本だけ棒をはずし、子どもに直してもらいます。いろいろな場所を1本ずつはずして試します。すべての辺でできるようになったら、今度はいろいろな組み合わせで一度に2本ずつはずし、それを直してもらいます。次に3本、そして最後は、はじめから1人で四角をつくるようにしていきます。

| step 4 | 1本の棒を使って斜め |

指導者と子どもは、1本ずつ棒を使います。
　指導者は1本の棒を「斜め」と言いながら斜めに置き、子どもにまねをさせます。縦の位置から回転させて途中で止めて、斜めになる経過を見せるのも良いでしょう。「斜めはすべり台に似ているね」とイメージしやすい物を言ったり、立てた棒を途中までおろして斜めを見せたりするのも良いでしょう。反対の斜めもまねができるようにします。

POINT ■ ポイント

"斜め"は難しい

　斜めはとても難しい課題です。普段の生活で斜めのものを見る機会が少ないことや、目を斜めに沿って動かすことは、横と縦の動きに比べて複雑に筋肉を動かす必要があるからです。子どもには斜めの坂をつくって上から転がってくるボールを目で追わせたり、体を傾ける姿勢を体験させるなどの身体を通して「斜め」を教えていくと良いでしょう。

| step 5 | 2本の棒を使ってクロス |

指導者と子どもは、2本ずつ棒を使います。
　指導者は2本の棒でクロスをつくり、子どもにまねをさせます。難しいようであれば、指導者がクロスをつくり、1本だけはずします。そして子どもにクロスになるように直させます。別の1本をはずして直させるなどを繰り返して、クロスができるようにしていきます。できるようになったら、1人でクロスをつくらせます。

step 6　**3本の棒を使って三角**

　指導者と子どもは、3本ずつ棒を使います。
　指導者は3本の棒で三角をつくり、子どもにまねをさせます。難しければ、指導者がつくった三角から1本をはずし、それを子どもに直させます。ランダムに1本ずつはずし、それを直させていきます。可能になってきたら、一度に2本の棒をランダムにはずし、直させます。できるようになったら、1人で三角をつくらせます。

POINT ■ ポイント

最初はつくる過程をみせない

　最初は棒を使って形ができるようになってから鉛筆で線や形を描く課題へ移行したほうが、スムーズにできる場合があります。
　まずは見本をつくる過程を見せずに行います。難しければ、できるまでの過程を見せるようにしながら、段階をつけて行っていきます。割り箸が動いてしまう場合は、タオルの上などで行うと良いでしょう。

Lesson 1-2　鉛筆で図形を描くⅠ（横線・縦線・十字・丸）

　「評価方法〈その2〉 図形が描ける？」（⇒53頁）で確認した線や図形で描けなかったものを、段階づけて練習します。
　ここでは、教材のステップなぞり書き＆模写を使います。課題の難易度は、 なぞり書き ⇒ 誘導線＋ドット ⇒ ドット ⇒ 模写 の順にあがっていきます。誘導線があると、描くときの方向性がわかりやすくなります。誘導線が色別であったり、数が多かったり、線が長いほど、描きやすいです。ドットは、描きはじめや終わりの目安となります。ドットも色分けされていたり、数が多いほどわかりやすくなります。なぞり書きからはじめて、最終的には何もなくても描けることを目指します。書き順は教材の通りにします。

子どものレベルにあわせて、できるところから課題をすすめていきましょう。難しいと感じたら、すぐに難易度の低いものへ戻ります。子どもが１人でできない場合は、子どもの手をとって一緒に行います。１画ごとに指導者が色をかえて見本を示し、下のマスで子どもに１画ずつまねさせるという作業を適宜入れても良いでしょう。教材を使う場合は、基本的に指導者と子どもは向かい合って座ります。最初のマスは指導者がお手本を見せて、次のマスから子どもにまねしてもらいます。指導者は子どもの側から見た書き順で行います。

　子どもが使用する鉛筆は１色でかまいません。鉛筆は、Ｂもしくは２Ｂ程度のものを使用します。鉛筆の持ち方については74頁や、『発達が気になる子への生活動作の教え方』（中央法規出版発行）にある「鉛筆」の項目を参照してください。

　紙の下にＱデスクシート※などを敷くと紙が固定され、整った線が描きやすくなりますので、必要に応じて利用してみてください。

※Ｑデスクシート：筆者が開発に関わったＱシリーズ製品のひとつ。
　　　　　　〈販売先〉パシフィックサプライ株式会社

第3章 ❶ 文字を書く

〈課題の難易度：横線の場合〉

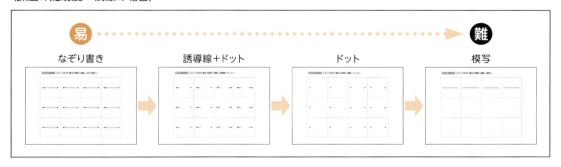

準備

ステップなぞり書き&模写
（教材12）

Ａ４程度の用紙

色の違う鉛筆や
多色ボールペン

step1　横線を描く

　Ａ４程度の用紙を横にして机に置きます。はじめは大きめの紙に、大きく長く描くと、線の方向を感じとりやすくなります。子どもに鉛筆を持たせて、指導者は手を添えます。左から右方向に「横」と言いながら、一緒に横線を描きます。乗り物が好きであれば、道路や線路をイメージさせながら描くのも良いでしょう。

　描けるようになってきたら、教材12-①-①〜④を活用します。子どもの状況にあわせて課題の難易度をあげて、すすめます。

POINT ■ポイント

こんなときは

　鉛筆などで描く練習がうまくできない場合は、「 Lesson 1-1 棒を使って図形をつくる」（⇒56頁）を最初に行います。棒で図形を形づくることができるようになっても、模写の課題で描くときにどこから描いて良いかわかりにくかったり、図形の形が整いにくい場合には、「第４章３　目で見る力について」（⇒110頁）も併せて練習してみてください。

step 2　縦線を描く

　横線の場合と同様に行います。縦線を描くときは「縦」という言葉がけをしてください。横・縦という言葉の概念も併せて教えていくことで、文字を書く練習のときの誘導にも使えます。うまくいかないうちは、指導者が子どもの手をとって、一緒に描きます。ある程度描けてきたら、教材12-②-①〜④を使い、子どもの状況にあわせて難易度を調整しながら、課題をすすめていきます。

step 3　十字を描く

　横線と縦線が描けるようになったら、十字の練習へすすみます。A4程度の用紙で大きく書いて練習するときは、「横」と言いながら、左から右へ横線を一緒に描きます。次に「縦」と言いながら、上から下へ縦線を一緒に描きます。縦線の書きはじめの位置がわかりにくい子どももいるので、その場合は書きはじめの位置まで子どもの手を動かしてあげたり、縦線の書きはじめの部分に赤丸の印をつけてスタート位置を示してあげても良いでしょう。

　ある程度描けてきたら、難易度別に分かれた教材12-③-①〜④を使いながら、子どもの状況にあわせて課題をすすめていきます。模写でつまずく場合は、指導者が上のマスで見本を1画ずつなぞるところをみせながら、子どもに下のマスで1画ずつまねさせてみましょう。例えば、上のマスに指導者が赤色で横線を「横」と言いながら描き、同じことを下のマスで子どもにまねさせます。次に指導者は色をかえて、例えば青で縦線を「縦」と言いながら描き、そのあとで子どもにまねをさせます。子どもは1色で構いません。指導者が1画ずつ色分けをして描いてあげると、描く線がわかりやすくなります。

> **POINT ■ ポイント**

ドットを確認させる

　ドットを手がかりに線や形を描く場合には、描く前に、次のドットについて確認をさせます。例えば、ドットからドットへ指でなぞらせても良いでしょう。次のドットを確認したら、鉛筆を持たないほうの指でドットを指さしさせたまま、その指に向かって描くようにしても良いです。次のドットに色をつけるとわかりやすくなる場合もあります。ドットから始め、ドットでしっかりと止まることを意識させて行うようにします。ドットだけで描くのが難しい場合には、無理せずに、難易度の低い誘導線の入った課題で練習しましょう。

step 4　丸を描く

　丸は難しい形になります。回転は、ひらがなを書くことを想定して、時計回りで描くようにします。描きはじめは丸の上の部分から描きます。

　丸は、正円に近いほうが良いですが、それよりも線のはじまりとおわりがくっつくように意識させます。難しい場合には、描きはじめるところに赤などで丸印をつけておき、書きはじめと終わりは印のところへくるように指導します。書き終わりのときに「ピタッ！」と声かけをしたり、手を添えて最後はゆっくりと描くように促したりします。

　教材12-④-①〜④を使いながら、子どもの状況にあわせて難易度を調整しながら練習します。模写でつまずく場合は、1番上のマスに指導者が見本をなぞり、下のマスで子どもにまねをさせてもよいでしょう。

Lesson 2-1　ひらがなのなぞり書き

　ひらがなが読めるようになったり、子ども自身のひらがなに対する興味が高まってきたときに行います。まったくひらがなが読めない段階や興味関心がないときに行っても、ひらがなの読み書きにはつながらないことがほとんどです。ひらがなが部分的に読めるような段階に入れば、なぞり書きをすることで読みが定着していくこともあります。

　見本を見ながらうまくひらがなを模写できる場合は、ひらがなのなぞり書きを行う必要はありません。ただし、ひらがなが読めて、文字も書けるようになったものの、文字の形が大きく崩れるときはなぞり書き（⇒77頁）を、書き順を間違える場合はなぞり書き＆見本を使って、なぞり書きの練習（運筆練習）を行うと有効なことがあります。

　その他、文字の形が大きく崩れる原因として、手先の不器用さが挙げられます。このような場合には、撥ねや払いなどを強調しない指導が必要になってきます。また、なぞり書きを行う文字の大きさは、手指機能（鉛筆の持ち方）にあわせて調節する必要があります（⇒74頁）。筆圧は気にする必要はなく、低い場合には濃い鉛筆やマジックなどを使用してください。

　「評価方法〈その3〉ひらがなが書ける？」（⇒56頁）で書けなかったひらがなのうち、書字難易度のやさしいものから行いましょう。

ひらがな書字難易度表〈教材4〉とは？

ひらがなを書きやすさ順に5段階で分けています。段階があがるごとに難しくなります。

易⇕難		
	難易度1 い・け・こ・た・に・り	横線と縦線で構成されている文字
	難易度2 う・お・か・き・さ・し・せ・ち・つ・の・も・ら	画数が少なく曲線のある文字
	難易度3 す・な・は・ふ・ほ・ま・み・む・や・よ	画数が多く回転のある文字
	難易度4 く・て・と・ひ・へ・ゆ・る・ろ・を	線が屈曲し、斜めの要素のある文字
	難易度5 あ・え・そ・ぬ・ね・め・れ・わ・ん	複雑な要素のある文字

準備

ひらがな書字難易度表（教材4）

なぞり書き＆見本（教材13）

第3章　❶文字を書く

65

| step 1 | **難易度 1 のひらがなをなぞる** |

　ひらがな書字難易度表の難易度1に指定されているひらがなについて、なぞり書き＆見本を使って順通りになぞります。

> **POINT ■ ポイント**
>
> **多く書くより、一文字を丁寧に**
>
> 　一度にたくさんの量を書かせるよりも、丁寧に書くほうが効果的です。書きはじめは、線からはずれても良いです。しかし明らかに不注意のある場合は、消しゴムで消させて書き直しをさせましょう。消しゴムで消す練習にもなります。消しゴムの消し方は、非利き手の親指をひらき、人差し指との間に消す文字がくるように押さえると、紙がずれにくくなるため、消しやすくなります。
>
> 　Qデスクシート（⇒61頁）を利用すると消しやすくなります。

| step 2 | **難易度 2 のひらがなをなぞる** |

　ひらがな書字難易度表の難易度2に指定されているひらがなについて、なぞり書き＆見本を使って順通りになぞります。

step 3　難易度３のひらがなをなぞる

　ひらがな書字難易度表の難易度３に指定されているひらがなについて、なぞり書き＆見本を使って順通りになぞります。

step 4　難易度４のひらがなをなぞる

　ひらがな書字難易度表の難易度４に指定されているひらがなについて、なぞり書き＆見本を使って順通りになぞります。

step 5　難易度５のひらがなをなぞる

　ひらがな書字難易度表の難易度５に指定されているひらがなについて、なぞり書き＆見本を使って順通りになぞります。

> **POINT ■ ポイント**
>
> **なぞり書き日記の併用で**
>
> 　「2　日記を書く Lesson 2 なぞり書き日記」（⇒82頁）が開始できる段階です。「Lesson 2-1 ひらがなのなぞり書き」（⇒65頁）は、実際には日記を書くなかで行っていきます。日記を書くなかで、書くのが難しい文字だけを取り出して、なぞり書きで練習するのも良いでしょう。

Lesson 2-2　鉛筆で図形を描くⅡ（四角・斜め線・クロス・三角）

　「Lesson 1-2 鉛筆で図形を描くⅠ」（⇒60頁）の続きとなります。ここでは、さらに難しい図形を練習していきます。
　注意事項は「Lesson 1-2 鉛筆で図形を描くⅠ」と同様です。課題の難易度も同様に、なぞり書き ⇒ 誘導線＋ドット ⇒ ドット ⇒ 模写 の順にあがっていきます。子どものレベルにあった課題からすすめていきましょう。課題は無理にすすめず、難しそうであれば、難易度の低い課題に戻って練習してください。とにかくできることを重要視して、ほめていきます。

最初にうまくいかなければ、指導者が手を添えて、子どもと一緒に行います。各課題で、指導者が1画ずつ色の異なるもので見本を描いて、それを子どもにまねさせるのも良いでしょう。
書き順は教材の通りに描きます。

準備

ステップなぞり書き&模写
（教材12）

色の違う鉛筆や
多色ボールペン

step1　四角を描く

ここでは教材の課題を難易度別に、その練習の仕方を解説していきます。

スモールステップ❶　なぞり書き

教材12-⑤-①を使います。1人でなぞり書きが難しい場合は、まず指導者が「縦」といいながら、マスのなかに赤線で縦線を描きます。そのあとに、下のマスで子どもにまねさせます。次に縦線の上から、「横」と言いながら青色で左から右へ横線を描き、「止まる」と言って止めます。同様に、それを子どもにまねさせますが、この時に鉛筆を紙から離さないように伝えます。角の部分で止まることを意識させると、角ができるようになっていきます。そして「縦」と言いながら、線を上から下におろし、左の縦線と同程度の長さで「止まる・離す」と言い、

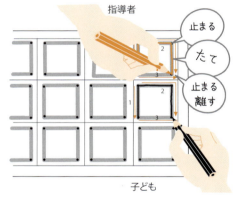

鉛筆を止めてから持ち上げます。同様に、子どもにまねしてもらいます。最後に「横」と言いながら、2本の縦線を結ぶように、左から右方向に緑で横線を描き、右の縦線につなげます。それを子どもにまねさせます。

スモールステップ❷　誘導線＋ドット

　なぞり書きができるようになってきたら、次はドットと誘導線のある課題となる教材12-⑤-②～④で練習します。誘導線がついているため、描く方向がわかりやすくなっています。

　誘導線の数が多かったり、長かったり、色分けがされているほどわかりやすくなります。

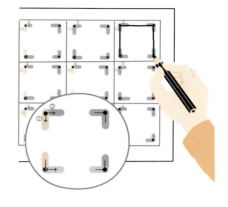

スモールステップ❸　ドットのみ

　スモールステップ❷ができるようになってきたら、今度は教材12-⑤-⑤・⑥を使って、ドットをつないで四角をつくれるようにします。子どもが1人で行えない場合には、上のマスを指導者が、下のマスを子どもが描くようにして、一緒に行うようにします。ドットからはじまり、ドットでしっかり止まって終わるように意識させます。

　ドットの色をかえると、言葉での誘導がしやすい場合もあります。できるようになったら、ドットの数を減らしていき、難易度をあげていきます。

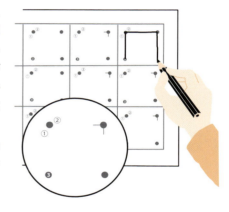

スモールステップ❹　模写

　見本を見て、描けるようにします。教材12-⑤-⑦を使い、一番上のマスに描かれている四角を見本として、子どもは下のマスにまねて描いていきます。難しそうであれば、指導者が手を添えて一緒に行います。

　また指導者が上のマスに1画ずつ色の異なるもので見本をなぞり、それを下のマスで子どもにまねをさせるのも良いでしょう。この場合、まず指導者が上のマスに1画ごとに色の違うもので描き、子どもが下のマスで1画ずつまねをしていきます。子どもは1色で描きます。それでも難しいようであれば、無理をせずにやさしい課題へ戻ります。

step2　斜め線を描く

　斜めの線は非常に難しい課題です。横線と縦線で構成されている四角がある程度描けるようになってから、練習をはじめましょう。

スモールステップ❶　なぞり書き

　教材12-⑥-①、12-⑦-①を使います。最初は右から左への斜め（教材12-⑥-①）、次に左から右への斜め（教材12-⑦-①）を練習します。1人でなぞり書きが難しい場合は、指導者は、マスの右上の角から左下の角へ向けて「斜め」と言いながら、斜め線を描きます。そして、下のマスを使って子どもにまねをさせます。左下への斜め線が描けるようになったら、今度は左上から右下への斜め線を「反対の斜め」と言いながら描くようにします。右利きの場合、右下への斜め線は自分の描く手で行先がかくれてしまうので、難易度が高くなります。左利きの場合は、右下への斜め線から先に行います。

　まずは方向の違う2種類の斜め線が描けるように練習をしておきましょう。

スモールステップ❷　誘導線＋ドット

　なぞり書きができるようになってきたら、次はドットと誘導線のある課題（教材12-⑥-②、12-⑦-②）で練習します。誘導線があるので、描く方向がわかりやすくなっています。最初は、誘導線を長くしたりしてやさしくできるようにし、次第に誘導線を短くしていくように段階づけて練習しても良いでしょう。

スモールステップ❸　ドットのみ

　スモールステップ❷ができるようになってきたら、今度は教材12-⑥-③、12-⑦-③を使って、ドットをつないで斜め線が描けるようにします。

スモールステップ❹　模写

　見本を見て、描けるようにします。教材12-⑥-④、12-⑦-④を使い、1番上にあるものを見本として、子どもは下のマスにまねて描いていきます。難しそうであれば、指導者が手を添えて一緒に行います。1番上のマスに指導者が1画ずつ異なる色で見本をなぞり、それを下のマスで1画ずつ子どもにまねをさせても良いでしょう。指導者と子どもで1マスずつ交互に描いていきます。

> step 3　**クロスを描く**

左下・右下への両者の斜め線が描けるようになったら、クロスを描く練習に入ります。

> スモールステップ❶　**なぞり書き**

　教材12-⑧-①を使います。1人でなぞり書きが難しい場合は、指導者がマスの右上の角から左下の角に「斜め」と言いながら、斜め線を描きます。下のマスに、子どもにまねをさせます。次に、違う色で左上から右下の角への斜め線を「反対の斜め」と言いながら描くようにします。下のマスに、子どもにまねをさせます。

> スモールステップ❷　**誘導線＋ドット**

　教材12-⑧-②を使います。誘導線とドットを目印に、練習をします。

> スモールステップ❸　**ドットのみ**

　スモールステップ❷ができるようになってきたら、今度は教材12-⑧-③を使って、ドットをつないでクロスを描けるようにします。ドットから描きはじめ、ドットで描き終わるように意識させます。

> スモールステップ❹　**模写**

　見本を見て、描けるようにします。教材12-⑧-④を使い、1番上にあるものを見本として、子どもは下のマスにまねて描いていきます。難しそうであれば、指導者が手を添えて一緒に行います。指導者が1画ずつ異なる色で見本をなぞり、それを下のマスで1画ずつ子どもにまねさせるのも良いでしょう。それでも難しいようであれば、無理をせずにやさしい課題へ戻ります。

step 4　三角を描く

三角はさらに難しい形になります。クロスが描けるようになってから練習をはじめます。

スモールステップ❶　なぞり書き

　教材12-⑨-①を使います。1人でなぞり書きが難しい場合は、指導者は、上のマスの真ん中にある三角の頂点から、赤色で「斜め」と言いながら左下方向に斜め線を描き、「止まる」と言って止まります。この時、赤色の鉛筆は紙から離さないようにします。そして、それを下のマスで子どもにもまねをさせて、子どもには紙から鉛筆を離さない状態で止まっておいてもらいます。そして「横」と言いながら、子どもから見て右方向に横線を描き、「止まる、離す」と言って赤色鉛筆を紙から離します。同様に、子どもにもまねさせます。次に、青色で「反対斜め」と言いながら、三角の頂点から右下方向への斜め線を描き、先に描いた底辺の右端にくっつくことを意識させます。そのあと、子どもにまねさせます。

スモールステップ❷　誘導線＋ドット

　なぞり書きができるようになってきたら、次はドットと誘導線のある課題（教材12-⑨-②～④）で練習します。誘導線は、長い線から短い線へ、線の多いものから少なくしていき、難易度を上げて練習していきます。

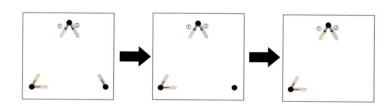

| スモールステップ❸ | **ドットのみ** |

　スモールステップ❷ができるようになってきたら、今度は教材12-⑨-⑤・⑥を使って、ドットをつないで三角を描けるようにします。3つのドットが結べるようになったら、手がかりのドット数を減らし、最終的には描きはじめのドットのみで描けるようにしていきます。

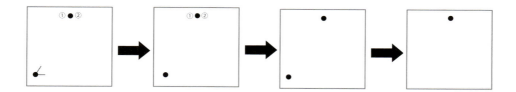

| スモールステップ❹ | **模写** |

　見本を見て、描けるようにします。教材12-⑨-⑦を使い、1番上にあるものを見本として、下のマスに子どもがまねて描いていきます。難しそうであれば、指導者が手を添えて一緒に行います。指導者が1画ずつ異なる色で見本をなぞり、それを下のマスで1画ずつ子どもにまねさせるのも良いでしょう。それでも難しいようであれば、無理をせずにやさしい課題へ戻ります。

Lesson 3　ひらがなの模写

　本格的な文字練習の開始です。文字の練習に入るためには①ひらがなが読める②線や形の模写で縦線・横線・十字が描ける③人の顔がそれらしく描ける（体や手足はなくても構わない）の3つができていることが条件となります。さらに複雑な文字を書けるようにしていくには、クロスや三角の図形まで描けていることが必要となります。

　最初のうちは、枠のあるマスのなかに文字を書いていくのが良いでしょう。年齢ではなく手指機能の発達にあわせて、マスの大きさをかえていきます。鉛筆の持ち方が「手掌回外握り・手掌回内握り・手指回内握り・側方つまみ・静的三指握り」の場合には、5cm四方程度のマスを使用します。鉛筆を三本の指で持ち、指先が自由に動く「動的三指握り」が可能になってきたら、2cm四方程度のマスの使用が可能です。なぞり書き＆見本の模写や、マス＜2×2＞、マス＜3×4＞を活用すると良いでしょう。

　模写の練習をするひらがなの順番も、ひらがな書字難易度表に従って、書きやすい文字からはじめましょう。なぞり書き＆見本を見本にして、マス＜3×4＞を使ってすすめます。

〈鉛筆の持ち方とマスの大きさの関係〉

鉛筆の持ち方	マスの大きさ
〈第1段階〉手掌回外握り・手掌回内握り すべての指でしっかり握りしめている状態。 手掌回外握り　　　　手掌回内握り	
〈第2段階〉手指回内握り 親指や人差し指が伸びた状態で持ち、小指や薬指で握り支えている状態。 手指回内握り	5cm 5cm 5cm四方
〈第3段階〉側方つまみ・静的三指握り 親指、人差し指、中指の3本指で持つが、指がやや伸びている。指の屈伸はなく、肩・肘・手首で鉛筆を操作する。 側方つまみ　　　　静的三指握り	
〈第4段階〉動的三指握り 親指、人差し指、中指で正確に持つ。指先の屈伸の動きだけで操作できる。小指と薬指は曲がり、安定する。 動的三指握り	2cm 2cm 2cm四方

準備

ひらがな書字難易度表
（教材4）

なぞり書き＆見本
（教材13）

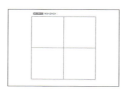
マス＜2×2＞（教材14-②）

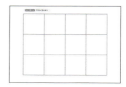
マス＜3×4＞（教材14-⑤）

step1　難易度Iのひらがなを模写する

　子どもの名前や、「あ」から順番に書くのではなく、横線と縦線で構成されている文字から練習します。それが、ひらがな書字難易度表の難易度1「い、け、こ、に、た、り」となります。

　見本を見てもまねして書けないときは、上のマスに指導者が1画ずつ色違いの鉛筆で見本を書いて、下のマスで子どもにまねさせます。書くときは1画ずつすすめます。例えば「こ」の練習では、指導者が上のマスに「横」と言いながら赤色で「こ」の1画目を書き、下のマスで子どもにまねをさせて書かせます。次の2画目も指導者が「横」と言いながら、今度は青色で書き、子どもにまねをさせて書かせます。

　横線の2本を書いただけでも、『「こ」が書けたね』とほめて、自分は字が書けるんだという自信を持たせていきます。縦線2本書ければ次は「い」というように、ほめてあげながら、すすめていきます。

POINT ■ ポイント

まずは書けるという自信をつけさせよう

　はじめから文字の形が整っていなくても良いでしょう。まずは「文字が書けるんだ」という自信を持たせることが大切です。模写で書けるようになった文字は、日記でも書かせるようにしていきましょう。

step 2　難易度２のひらがなを模写する

　画数が少なく、曲線の入っているひらがな「う、お、か、き、さ、し、せ、ち、つ、の、も、ら」を step1 と同様に練習していきます。

step 3　難易度３のひらがなを模写する

　画数が多くなり、回転を含む曲線が入ったひらがな「す、な、は、ふ、ほ、ま、み、む、や、よ」を step1 と同様に練習します。回転するところは「くるっ」などと、子どもにわかりやすい声かけをしていきます。例えば「ま」であれば、書き順にあわせて「よこ、よこ、たて、くるっ」などと言いながら、１画ずつ書いていきます。

step 4　難易度４のひらがなを模写する

　線が屈曲し、斜めの要素が入ったひらがな「く、て、と、ひ、へ、ゆ、る、ろ、を」を step1 と同様に練習します。画数は少ないためそれらしく書けるようにはなりますが、斜めの要素が入っているために正しく書くには難しい文字となります。斜めを意識させるところと、曲がるところで一度止まるようにすると、文字の形が整いやすくなります。例えば「く」であれば、「斜め、止まる、反対斜め」、「ひ」であれば、「よこ、とまる、した、うえ、とまる、よこ」といった具合に子どもに声をかけます。

POINT ■ ポイント

撥ね、払いをしない、止めを意識する

　読みやすい文字を書くためには、撥ねや払いをしないようにして、線の端はすべて止めるようにします。特に運筆が未発達の場合に撥ねや払いをすると、読みにくい文字になってしまいます。また「ち」など、線が曲がるときには、一度鉛筆の動きを止めることを意識させます。「へ・く」など斜めの線が出てくるひらがなは、斜め線が描けるようになるまでは難しいことを理解しましょう。「 Lesson 2-2　step2 　斜め線を描く」（⇒70頁）で斜めの線が描けるようになったら、ひらがなを書くときにも斜めを意識させて書かせていきます。

step 5　難易度5のひらがなを模写する

　複雑な要素のあるひらがな「あ、え、そ、ぬ、ね、め、れ、わ、ん」を練習していきます。 step 1 と同様です。まずは指導者が1画ずつ色をかえて、「横」「縦」などと声を出しながら見本を書き、そのあと、子どもに声かけしながら1画ごとにまねをさせても良いでしょう。

Column　文字の形が崩れる場合

　ここでは、文字の形が崩れやすい子どもに対して、教材を使った運筆の練習を紹介します。最初は、横線や縦線の見本をなぞって描くことからはじめます。描くときの方向は、必ず「左から右へ」、「上から下」へとなぞります。円、波線、うずまきは大・小の2種類の大きさを用意しています。鉛筆の持ち方が動的三指握り（⇒74頁）までできている場合は、小さいものをなぞってもいいでしょう。しかし、まだ持ち方がそこまでいっていなければ、大きいものをなぞるところまでにとどめておきましょう。

〈準備〉

なぞり書き（教材11）

Bや2B程度の鉛筆

▶ステップ1　横線・縦線をなぞる

　教材11-①・②を使って横と縦の直線をなぞります。横線は左から右へ、縦線は上から下へとなぞります。

▶ステップ2　横・縦で構成されたものをなぞる
　教材11-③〜⑥を使います。横と縦で構成されたものをなぞります。この時も、横線は左から右へ、縦線は上から下へとなぞります。

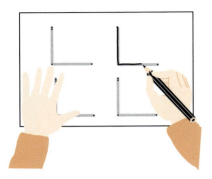

▶ステップ3　斜め線をなぞる
　教材11-⑦・⑧を使って斜めの線をなぞります。最初は右上から左下へ、次に左上から右下へとなぞります。

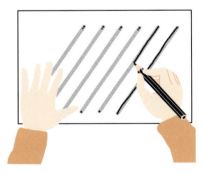

▶ステップ4　丸をなぞる
　教材11-⑨・⑩を使って、丸をなぞります。大きい丸から小さい丸へと練習していきます。ひらがなの回転部分は右回りなので、右回転を意識してなぞります。まずは上の起点から右回りに回転するように、次に下の起点から右回りになぞっていきます。

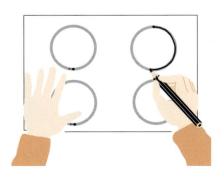

▶ステップ5　波線をなぞる

　教材11-⑪・⑫を使って、波線をなぞります。大きい波から小さい波へと練習していきます。横の波線は左から右へ、縦の波線は上から下へなぞります。縦の波線を練習するときは、教材の用紙を縦向きにして使います。

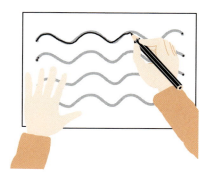

▶ステップ6　うずまきをなぞる

　鉛筆の持ち方が静的三指握り以前の発達（肩や肘、手首の動きで鉛筆を操作している）の場合には、教材11-⑬を使用してください。動的三指握りの場合は、教材11-⑭を利用してください。静的三指握りがうまくなり、動的三指握りにすすめたいお子さんには、教材11-⑭を使用します。その場合、指導者は子どもの鉛筆を持つ腕の手首を押さえ、指先だけで描かせるようにしますが、難しい場合には使用しないようにします。

2 日記を書く

　日記をつけることは、親子のコミュニケーションを促すとともに、書くことは思い出や記憶を整理し、文章を作成するなどの過程があることから、言葉の力を伸ばすにはとても良い課題となります。ここに書く日記は、子どもがただ記録として書くものでなく、自分の体験した内容を時間に沿って思い出し、他者に伝えて話す力や、ひらがなの読み書き、日付の確認や数字の読み書き、言葉の意味を知ることなどを通じて語彙が増える、また鉛筆の持ち方や良い座位姿勢を保つための練習になるなど、読み書きに関する総合的な力を養うものです。

　ひらがなの清音が読めるようになってきたら、日記をつけてみましょう。書きはじめてからしばらくは、文字の形が崩れていてもかまいません。明らかに違うときは、子どもに消しゴムで消させます。そのため、消しゴムの使い方も教えておきましょう（⇒66頁）。

　習慣化するために、日記を書く時間は家に帰ってきてすぐ行うとか、おやつの前に書くなどというように決めておきます。寝る前や、毎日書く時間が異なると、次第に書かなくなってしまいます。毎日決められた時間に決められた内容を実施するという自己統制は、計画や順序立てて物事を遂行していく力である実行機能を高めることにもつながります。

　書くときは、椅子に座り、テーブルの上で姿勢を正して書くようにします（⇒50頁）。指導者は、子どもが日記をうまく書けるようになるまでは付き添うようにし、はじめは子どもと一緒に行うようにします。書き順は、はじめから正しく教えたほうが、のちに修正することを考えると子どもと指導者の双方に負担がないでしょう。最初からたくさんは書かずに、少しずつでいいので、体調が悪くない日以外は必ず書くようにしていきます。指導者は、子どもが書きあげた日記を確認し、ほめて終わるようにします。

評価方法　読める・書けるひらがなの数は？

どのくらいひらがなが読めるか、書けるかについて確認します。

準備

書きチェックシート
（教材3）

ランダム50音表
（教材5）

なぞり書き＆見本
（教材13）

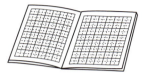
8マス十字リーダー入りノート

方法

ランダム50音表を子どもに見せて、読みを確認します。半分以上は読めるようになっていたら、「 Lesson 2 なぞり書き日記」（⇒82頁）を開始できる状態です。半分以下であれば、「第2章　3　本読み」（⇒36頁参照）に戻り、読みの練習を順次行って、再度ランダム50音表で確認していきます。

また、書きチェックシートの記録などから、ひらがなが書ける程度も確認しておきます。なぞり書き＆見本を使って、子どもにひらがなをなぞってもらいます。書き順は指導者が教えればいいので、まずはひらがなが大まかに書けるかどうかが目安となります。

指導方法

Lesson 1　ひらがなの読みと書きをすすめる

日記を書く準備として、ひらがなの読みと書きをすすめておきます。そこで「第2章　1　語彙」（⇒18頁）、「第2章　2　文字の読み」（⇒22頁）、「第2章　3　本読み」（⇒36頁）の Lesson 1 まで、「第3章　1　文字を書く Lesson 1-1 棒を使って図形をつくる」（⇒56頁）から「第3章　1　文字を書く Lesson 2-2 鉛筆で図形を描くⅡ」（⇒67頁）までを終わらせておきます。

準備

「第2章　1　語彙 Lesson 1 語彙を増やす」（⇒19頁）、「第2章　2　文字の読み Lesson 1 マッチング」（⇒23頁）、「第2章　3　本読み Lesson 1 本の読み聞かせ」（⇒37頁）、「第3章　1　文字を書く Lesson 1-1 棒を使って図形をつくる」（⇒56頁）から「第3章　1　文字を書く Lesson 2-2 鉛筆で図形を描くⅡ」（⇒67頁）までを参照。

読みと書きのLesson 1を中心にマスターしておく

「第2章　1　語彙 Lesson 1 語彙を増やす」（⇒19頁）、「第2章　2　文字の読み Lesson 1 マッチング」（⇒23頁）、「第2章　3　本読み Lesson 1 本の読み聞かせ」（⇒37頁）、「第3章　1　文字を書く Lesson 1-1 棒を使って図形をつくる」（⇒56頁）から「第3章　1　文字を書く Lesson 2-2 鉛筆で図形を描くⅡ」（⇒67頁）までをマスターしておきます。

Lesson 2　なぞり書き日記

指導者は8マス十字リーダー入りノートの4マスが1マスになるように、定規を使って青色のボールペンで線を引き、1文字を書く枠をつくります。枠は見やすくするために、マジックなどで太い線にしても良いでしょう。

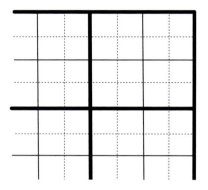

準備

8マス十字リーダー入りノート　　青色のボールペン　　蛍光ペン（ピンクと他1色）

Bや2B程度の鉛筆　　消しゴム　　定規

82

step 1　日付を確認する

　日付を確認します。わからないときはカレンダーなどを見せながら、今日が何月何日なのかを子どもと一緒に確認します。

step 2　子どもの話し言葉で短く書く

　今日あった出来事などを確認します。子どもがわからないと訴える場合には、その日食べたものとか、遊びであるとか、どのような内容でも構いません。保育園や幼稚園などに通っている場合には、担任に確認し、連絡帳に今日の出来事を書いてもらうようにして、それを手がかりに子どもに思い出させるようなヒントを与えます。

　そして、今日の出来事から、指導者が1文を考えます。はじめは短い文章にします。子どもが普段話すときにそのまま使えるような言い回しにしてください。例えば「えをかきました」とか「えをかいたよ」などです。清音以外の文字が入っていても大丈夫です。

step 3　正しい書き順で下書きをなぞらせる

　指導者は4マスが1マスになるように、定規を使って青色のボールペンで枠をつくり、1文字の大きさを決めます。

　日記で書く内容が決まったら、最初は指導者がピンクの蛍光ペンで下書きをします。蛍光ペンの太い側で、日付と文章の下書きをすべてひらがなで書きます。蛍光ペンの先は細長い形状になっていますが、ペン先が横長の状態で使用し、横線は細く、縦線は太くなるようにします。撥ねや払いなどはしないようにします。日付は、マスの上の余白に書きます。文書の最後には「。」をつけます。

　指導者が下書きしたものを、子どもに鉛筆でなぞらせます。指導者は、子どもが書き順を間違えないように見ています。線からはずれたりしても、はじめは注意する必要はありません。画数が多かったり、曲線がある文字などは、手を添えて、一緒に書いてあげても良いでしょう。

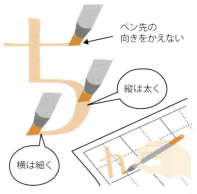

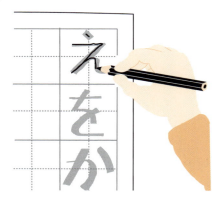

step 4　読み上げと質問

　日記を書き終えたら、子どもに日付と文章を読ませます。読めない文字は指導者が教えます。読むスピードがあがってきたら、文章を読んだあとに質問してみます。「くるまにのりました。」と書かれている場合には、「何に乗ったの？」と質問してみます。子どもが読み取れていれば「くるま」とこたえられるでしょう。うまくこたえられないときは、再度読ませてみます。それでもこたえられない場合には、「くるま」の文字のまわりを緑などの蛍光ペンで囲って、読み取るべきところをわかりやすくします。囲った部分を何度か読ませ、気づかせます。気づけない場合には、指導者が読み上げてみましょう。

　指導者は、日記に花丸などをつけてあげましょう。

Lesson 3-1　模写を取り入れる

　指導者は、8マス十字リーダー入りノートの4マスが1マスになるように、定規を使って4マスの外側を青色のボールペンで囲みます。線を見やすくするために、マジックなどを使って枠を太い線にしても良いでしょう。

準備

なぞり書き&見本
（教材13）

8マス十字リーダー入りノート

青色のボールペン

蛍光ペン
（ピンクと他1色）

Bや2B程度の鉛筆

消しゴム

定規

step1　書ける文字は下書き不要

　Lesson2の step1 と step2 を行います（⇒83頁）。右利きの子どもであればマスの左上に小さく鉛筆などで見本として文字を書いておきます。不要な場合には書かなくてもかまいません。日付についても同様に行います。「1　文字を書く　評価方法〈その3〉ひらがなが書ける？」（⇒56頁）のところで、書けることが確認できたひらがなについては、下書きしないようにします。

step2　模写を取り入れて書く

　模写を取り入れて子どもに日記を書かせます。模写の場合は、なぞり書き&見本を見せながら、書き順通りに書かせます。

| step 3 | 読み上げと質問 |

日記を書き終えたあとは、| Lesson 2 |の| step 4 |を同様に行います（⇒84頁）。

Lesson 3-2　模写日記

　なぞり書き見本にあるひらがなを見本として、日記を書いていきます。最終的には、見本がなくても日記が書けることを目指します。書きチェックシートで書けるひらがなをチェックし、書けるひらがなは見本なしで書きます。
　まずは、8マス十字リーダー入りノートで4マスが1文字になるように、定規を使ってマスをつくっておきます。ひらがな書字難易度表をもとに、難易度がやさしいひらがなからマスに模写していきます。動的三指握りで鉛筆を握れる場合は、通常の1マスに1文字を書いても良いでしょう。
　すべての文字を模写することができるようであれば、すべて模写で日記を書かせてみましょう。模写できた文字であっても、子どもに自信がないようであれば、下書きを加えても構いません。子どもが自信をもって継続して日記を書けることを重視してください。

| 準 備 |

書きチェックシート
（教材3）

ひらがな書字難易度表
（教材4）

なぞり書き＆見本
（教材13）

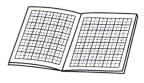

8マス十字リーダー入りノート

| step 1 | 日付＆出来事の確認 |

「| Lesson 2 || step 1 |と| step 2 |」（⇒83頁）を参考に、日付を確認したり、子どもに起った当日の出来事について確認します。

step 2 　模写をする

　別紙に step 1 で得た情報をもとに見本の文章を用意するか、右利きであれば、マスの左上に文章に出てくる見本の文字を書きこむなどしておきます。書く内容が少ない場合には、左の列に見本の文字を書き、右の列に子どもがまねて書くようにしても良いでしょう。書くときには、撥ねや払いなどはしないようにします。なぞり書き＆見本を見本に使用してもかまいません。

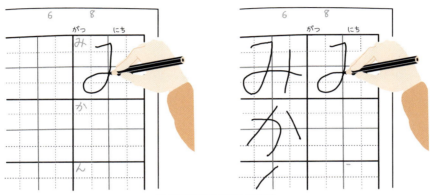

動的三指握り以外の場合

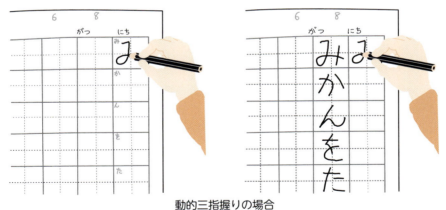

動的三指握りの場合

step 3 　読み上げと質問

　日記を書き終えたあとは、「 Lesson 2 　step 4 」（⇒84頁）を同様に行います。

step 4　文章づくり

　次に、文章を子どもに考えさせて、それを書いてもらいます。書かせるときの注意事項は、以下となります。書き終えたあとは子どもに読ませ、内容について質問し、理解できているかを確認します。

- ・文節ごとに考えさせて、書かせます。わからないときは、書く内容を一緒に言うなどして、考えさせます。
- ・1文ずつ、1人で書かせます
- ・最終的には日記全体を1人で書かせます

POINT ■ ポイント

ほめて、やる気を持続させる工夫を

　子どもは、最初は意欲的に取り組んでいても、次第に飽きてやりたがらなくなることがあります。このようなときは、行う時間や場面を見直すことと、書いた日記を第三者などに見せて、花丸をつけてもらえるように工夫してみるのも良いでしょう。幼稚園や学校に通っている場合は、担任にその役を担ってもらえるように依頼してみてはいかがでしょうか。

step 5　いつ、どこで、だれと、なにをした、どうおもった？

　紙に「①いつ、②どこで、③だれと、④なにをした、⑤どうおもった」と書いておきます。子どもに①から順番に書く内容を確認させながら、日記を書くようにしていきます。このように書いていくことで、普段からの話し言葉の内容にも良い影響を与えることができます。特に「⑤どうおもった」を子どもに深く考えさせるようにしていくと、自分や相手の気持ちを考える力もついていきます。

POINT ■ ポイント

例文から自分で書けるように

　指導者が例文を用意しておいても良いでしょう。最初は短い文章からはじめて、次第に長くしていきます。「いつ・どこで・だれと・なにをした・どうおもった」という流れで書けるように例文をつくります。「①いつ②どこで③だれと④なにをした⑤どうおもった」に沿ったタイトルを書き出しておき、子どもはそれを見ながら自分で文章を考えられるようにしていくのも良いでしょう。

　また短い文章でも、1日のことは1頁ごとに書いておきましょう。書いた分量が一目瞭然なので、たくさん書けたときにほめやすくなります。空いたところには絵を描いてもらっても良いですし、指導者が子どもの良いところをひらがなで書きこんであげるのも良いでしょう。子どもはそれを読むことで励みになります。

第 4 章

確認

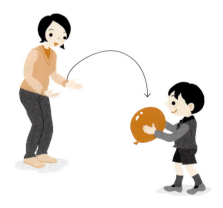

1 目の動きについて

　本を読んでいるときに、読み飛ばしや読み間違いが多い子どものなかに、目の動きが未発達な場合があります。このようなケースでは、ただやみくもに本を読ませても、上手に読めるようにはなりません。

　そもそも、たくさん本を読ませればうまく読めるようになるわけではありません。一生懸命読んでも内容が理解できなかったりすると、それが学習にも影響を及ぼし、結局、読むこと自体が嫌いになってしまうことがあります。読むこと自体が嫌いになると、新たな知識を学ぶ機会も減ってしまいます。

　目でうまく見るためには、まずは視力の確認が必要です。それ以外にも、止まっている物をじっと注視する、ゆっくり動く物を追視する、速い動きで急に移動した物に視線を移動する、近づいてくる物や離れていく物を両目で見られるといった目の動きが必要になります。目の動きが未発達な場合には、本を読むことだけでなく、黒板をノートに書き写したり、キャッチボールなどが苦手になる場合があります。また、見ることと手を動かすことは協調して行う必要があり、両手がうまく使えない場合にも、見る力が関係している場合があります。目の動きは読み書きにも影響しますので、こうした状態がみられたときには、目の動きなどを確認してみる必要があります。

　目の動きがうまく働いているかを確認するには専門的な知識と技術を要するので、気になる場合には、眼科を受診することをお勧めします。視力や眼の状態について診察してもらい、本を読むことが難しいことや、目の動きについて相談してみましょう。しかし、眼科のすべてがこの分野に詳しい状況とは言い難い現状があるので、併せて作業療法士などにも相談されると良いでしょう。

　学習場面での合理的配慮が必要になる場合が多いので、教員などとも話し合いながら、学習しやすい環境づくりも重要になってきます。

| 評価方法 | 注視・追視・両目で見る力を調べる |

注視や追視、両目で見る力などを確認するために、以下の4点についてみていきます。

準備

ビー玉くらいの大きさの赤いボール

方法

　指導者は、子どもと向き合う形で椅子に座ります。指導者の背後には、掲示物や子どもの気になるような物がないようにしておきます。基本的には、何も飾られていない壁が良いでしょう。

　子どもが見るものとして、ビー玉程度の赤いボールなどを用意します。子どもの注意力が低い場合には、好きなキャラクターなどを用いても良いですが、小さめの指人形などにしましょう。見せる物は、子どもから1mくらい距離を離します。

　子どもには、「目だけ動かして、頭は動かさない」ように伝えておきます。頭が動いてしまう場合には、指導者が子どものあごを軽く支えて、頭が動かないようにします。

〈その1〉注視や追視の確認

① 顔の前でゆっくり動かしたボールを見続けられるかを確認します。子どもの顔の中心部分から左右に、子どもとの距離に変化がないように水平に動かします。

▶ 確認ポイント！
・頭を動かさずに目だけで見続けられるか
・端から端まで見続けられるか
・正中線を越えて目を動かすときに、目がゆれたり、視線をそらすことなく、スムーズに物を見続けることができるか

② 子どもの顔の前で大きく8の字（無限大）を横方向へ描くようにボールを動かします。そのときの子どもの目の動きを確認します。

▶ 確認ポイント！
・頭を動かさずに目だけで見続けられるか
・ずっと見続けられるか
・正中線を越えて目を動かすときに、目がゆれたり、視線をそらすことなく、スムーズに物を見続けることができるか

③　子どもに、「ボールが急に動くから見つけてね」と伝えます。そして、子どもの顔の中心から、右上、右下、左上、左下とランダムに、急にボールを動かします。

▶ 確認ポイント！
・頭を動かさずに目だけで見られるか
・移動したボールに視線を移せるか

〈その２〉両目で焦点をあわせられるか
　子どもの目と目の間にゆっくりボールを近づけたり、遠ざけたりします。

▶ 確認ポイント！
・ボールが近づいてくるときに、両目が内側に寄って見続けられるか
・ボールが離れていくときに、両目を開いて見続けられるか

指導方法

1 風船を使った遊び

　ゆっくり動くものを目で見続ける練習をすることが大切です。それには大きめの風船を使った遊びが有効です。色は赤やオレンジといった原色が見やすいです。

準備

大きめの風船

step1　風船を上へあげる

　天井方向へ向けて、子どもにできる限り手で風船を打ち上げさせます。何回続くかを一緒に数えたりします。

step 2　風船をキャッチする

指導者と子どもが向き合い、指導者が投げるか、軽く打った風船を子どもにキャッチさせます。

step 3　風船バレーをする

指導者と子どもが向き合い、風船バレーを行います。何回続くかを一緒に数えたりします。

2 ボールを使った遊び

ボールを使った遊びでは、ボールをゆっくりと転がすことが大切です。動きが速いと、しっかり目で確認をせずに、感覚的に反応して対応してしまうからです。色は赤やオレンジといった原色が見やすいです。

準 備

直径20センチ程度のボール

step1　向き合ってボール転がし

指導者は、立位もしくは座位で子どもと向き合います。近い距離（1m程度）から、子どもに向かってゆっくりとボールを転がし、子どもに両手でキャッチしてもらいます。

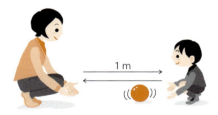

step2　距離を離す

step1 と同様の方法で、指導者と子どもの距離を少しずつ離していきます。

| step 3 | 横からボール転がし |

　指導者は、子どもの横から子どもの前にボールをゆっくりと転がし、子どもに両手でキャッチしてもらいます。初めは近い距離から始めます。

| step 4 | 距離を離す |

　step 3 と同様の方法で、指導者と子どもの距離を離していきます。

3 テーブル上でボール転がし

　ここでは、テーブル上でのボール転がしを紹介します。指導者と子どもはテーブルをはさんで向かい合います。子どもの姿勢が安定しない場合は、双方とも椅子に座って行います。子どもには両手でコップを持たせます。ボールは赤やオレンジといった原色が見やすいです。

準備

広めのテーブル　　椅子　　直径2cm程度のボール　　コップ

step 1　コップでボールをキャッチ

　指導者は正面からボールをゆっくりと転がし、子どもはボールが机から落ちるところをコップで受け取ります。

step 2　ボールに変化をつける

　指導者は、正面から斜めや、さまざまな方向へボールを転がして、子どもはボールが机から落ちるところをコップで受け取ります。指導者の立ち位置をかえながら行っても良いでしょう。

4　テーブル上で指の追いかけっこ

　ボールの代わりに指を使う方法を紹介します。指導者と子どもは向き合って座ります。指導者も子どもも、指さしの手の形をします。子どもは利き手で行います。指をゆっくりと大きく動かすことが大切です。指導者はテーブル上で指をゆっくりと動かし、子どもに指先でついてくるように伝えます。

　指の代わりに、ペン先を出していないボールペンなどで行っても良いでしょう。その際に、ペン先に赤いテープなどの目印を巻きつけると見やすくなり、子どもが行いやすくなります。

> 準備

テーブル

椅子

ペン先にテープを巻いた
ボールペン

step1　指で線を描く

　指導者は、横や縦方向に指を直線的にゆっくりと大きく動かし、子どもについてこさせます。

step2　指で曲線を描く

　指導者は、斜めや大きめの丸といった曲線などの動きを大きくゆっくりと行い、子どもについてこさせます。

> **POINT ■ ポイント**
>
> #### パソコンソフトを活用して
>
> 　専門的なトレーニングは、作業療法士や目の動きや見る力のトレーニングが可能な視能訓練士などによる評価や指導が必要になります。また、目の動きなど（視機能）をパソコンでトレーニングするソフトがあります。その他にも、読むことに困難さがある場合に活用できるソフトもあります。例えば、読みを補助するための読み上げ機能、読む物を拡大コピーするもの、拡大教科書の作成などです。マルチメディアDSISY図書なども活用できるでしょう。

2 鏡文字について

　鏡文字とは、正しい文字が左右に反転したものを言います。文字を書きはじめた頃や、左利きの子どもは鏡文字で書くほうが書きやすいことがあります。しかし、目で見る力が育ってくれば、文字の見本を見ながら書く練習をしていくことで、いずれ直っていきます。

　鏡文字を書いてしまう場合には①利き手が決まっているか、②利き手が矯正されていないか、③左右の概念が育っているか、④左右の位置関係を見分ける力が育っているかを確認する必要があります。

　以下に、鏡文字を書いてしまう子どもについて、確認方法と修正するための練習方法を解説します。また、いつまでも鏡文字を書いてしまう場合には、早めに作業療法士などに相談することをお勧めします。

評価方法　鏡文字の確認

ここでは、鏡文字になっていないかを確認するために、以下の3点をみていきます。

準備

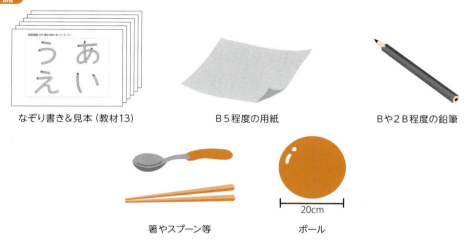

なぞり書き&見本（教材13）　　　B5程度の用紙　　　Bや2B程度の鉛筆

箸やスプーン等　　　ボール（20cm）

方法

〈その1〉利き側の確認

① 利き目

　筒などの穴や、B5程度の用紙の真ん中に直径1cmほどの穴をあけて、それらをどちらの目でのぞくかを確認します。

② 利き手
　鉛筆、箸、スプーンやフォークなどについてどちらの手で使うかを確認します。ボールはどちらの手で投げているか、使う手は右左のどちらかに統一されているのか、統一はされておらずその時々で両手を使っているのか、道具によって使う手が違うかなどを調べます。
　また、左利きを右利きへ矯正していないかどうかも家族や本人に確認しておきます。

③ 利き足
　ケンパ遊び（片足跳び遊び）や、どちらの足で片足立ちを行うかなどについて確認します。通常は利き目と利き手は揃っていることが多いですが、利き足は揃っていない場合があります。

〈その２〉左右の概念の獲得
　「右目はどこ？」「左手はどこ？」「右足はどこ？」「左の耳はどこ？」などと全身の部位の名称を子どもにランダムに聞いて確認します。左右の概念が育っていない場合には、聞くたびに左右をバラバラにこたえたり、すべてを逆にこたえる子どももいます。通常は５歳以上になると左右の概念が育ってきます。

〈その3〉鏡文字になりやすい文字を確認
　なぞり書き＆見本を見せながら、文字を書かせます。そこで鏡文字になってしまうものを確認します。

〈その4〉横線・縦線の書き順を確認
　横線や縦線の要素の入った文字を書かせて確認します。特に左利きの子どもは、逆になりやすいことがあります。

指導方法

1 文字が左右反対になってしまう場合

　鏡文字になりやすい文字について、正しい形を認識させます。鏡文字とそれに対する正しい文字のカードを複数枚作成し、用意します。
※ここでは「し」の文字を例にします。

準備

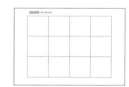
マス<3×4>（教材14-⑤）

鏡文字と正しい文字の文字カード
（各複数枚）

2つの箱

step1　箱に入っている文字と同じものを入れていく

　子どもの前に、2つの箱を並べて置きます。右の箱に正しい「し」が書かれている文字カードを、左の箱には鏡文字の「し」が書かれている文字カードを事前に入れておきます（左右逆でも可）。それぞれの箱のなかにある文字を子どもに目で確認させます。そして、複数枚用意しておいた鏡文字の「し」と正しく書かれた「し」の文字カードについて同じものと思うほうの箱に入れてもらい、振り分けをさせます。

step 2　正しい文字と鏡文字を仕分けさせる

　子どもの前に、空の2つの箱を並べて置きます。正しいものは右の箱へ、間違っているものは左の箱に入れるように伝えます（左右逆でも可）。2種類の「し」の文字カードをランダムに1枚ずつ子どもに渡し、それを確認してもらってから、箱に分けて入れさせます。1枚目から間違える場合には、 step 1 を再度行います。

step 3　書いた文字について正しいものを選ばせる

　マス＜3×4＞に、鏡文字になりやすい文字について、鏡文字と正しい文字をランダムに書き込みます。子どもにそれを渡し、正しい文字だけに丸をつけさせます。

2 逆の書き順で線を描いてしまう場合

　左利きの場合によくみられますが、横線は右から左、縦線は下から上というように、書き順を逆に描いてしまうような場合には、その修正を図りながら、ひらがなの模写へ入っていきます。

準備

なぞり書き&見本
（教材13）

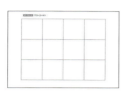
マス＜３×４＞（教材14-⑤）

Ａ４程度の用紙

Ｂや２Ｂ程度の鉛筆

step 1　指で練習

　利き手の人差し指を立てて、指さしの形をとらせます。そして指を左から右、上から下へと大きく動かす練習をします。

step 2　鉛筆で練習

　横線は左から右、縦線は上から下方向に描く練習をします。紙に長く描いてみると良いでしょう。描きはじめの部分に点などの印をつけて、描きはじめの位置がわかりやすくなるような工夫をしても良いでしょう。

step 3　目印のある下書きで練習

　鏡文字になりやすい文字をピンクの蛍光ペンなどでマス＜3×4＞に下書きします。下書きの文字の書き方は「第3章　2　日記を書く　Lesson 2　step 3　」（⇒84頁）を参照してください。なぞり書き＆見本（教材13）を活用してもよいでしょう。また、横線や縦線の書きはじめの部分に黒ボールペンなどで丸をつけたり、書く方向へ矢印をつけたりします。子どもはその目印を手がかりに、正しい方向で書く練習をします。

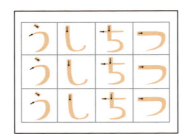

step 4　下書きだけで練習

　step 3 で練習した文字について、今度は目印をすべてはずした状態で、正しくなぞって書く練習をします。

step 5　見本をまねて書く

　なぞり書き＆見本を見ながら、書く方向に気をつけて、マス＜3×4＞に文字をまねて書きます。

step 6　見本なしで書く

　鏡文字になりやすい文字を指導者が口頭で言い、それを見本なしでマスに書かせます。これは日記の場面でも同様に行うことができます。

> **POINT** ■ ポイント

利き手の矯正はしない

　利き手が定まらないと左右の概念が育ちにくいです。そこで、まずは利き手を決めていきます。利き手を矯正する必要はありません。すでに矯正されており、ボールなどは左手で投げ、鉛筆などは右手というような状態の場合は、そのままの使い方ですすめていきます。また、例えば鉛筆で書くときやハサミを持つときに右手も左手も使っているようであれば、「評価方法 〈その1〉利き側の確認」（⇒103頁）で利き手の確認をする際に、使用頻度の高いほうに道具を持たせるように決めていきます。道具を持たない手はおさえたり支えるなどを促して、両手動作の発達を促していきます。

左右の概念の発達を促す

　利き手を確認し、右利きであれば右の手首にブレスレット状のものや、テープやシールなどを貼ります。文字がわかる子どもには、「みぎ」と書いたテープなどを手の甲や手首に貼ってみます。

　そして、日常でも遊び感覚で「右手は？」と聞いて確認していきます。わからないときは、その目印を手がかりに確認させます。「右目は？」「右足は？」「右の耳は？」と全身の部位を「右」だけ聞いていきます。このとき大切なのは、最初は利き手（よく使う方の手）側だけを聞くことです。左右同時に混ぜながら聞いていくと、子どもは混乱してしまいます。利き手が右であれば確実に「右」をわかるようにしていくことで、左もわかるようになっていきます。

第4章　❷ 鏡文字について

③ 目で見る力について

　目印がついていたり、なぞり書きであれば図形や文字が書けるのに、白紙になると書けなかったり、書けたとしても形が崩れてしまう子どもがいます。これは、白紙という手がかりのない状況だと、どこから書きはじめたら良いのか、線と線との関係性がわかりにくいなど、図形や文字を構成している要素の位置関係が把握できないことが考えられます。この力の獲得につまずく子どもはたくさんいます。

　さまざまな活動においては、視力や目の動き、対象を注視し続ける力のほかにも、形を見分ける力、位置関係を把握する力などの「見る力」が必要となるのです。下書きがなくても文字が書けて、形を整えることができるようになるには、目で見る力をつける練習が大切になります。

　形を見分けたり、位置関係を把握するのに必要な見る力は、整理整頓して片づける、漢字を書く、算数の図形問題、工作などにも大きくかかわります。また、この見る力は8〜12歳までに成熟すると言われており、幼児期から遊びや生活のなかで伸ばしていく必要があります。それは例えば、タオルをたたむお手伝いや、ブロックでさまざまな形を組み立てたり、遊んだおもちゃを整理して片づけるなど、生活のなかでも十分取り組むことができます。

評価方法　位置関係を把握しているかを調べる

　図形や文字を構成している要素の位置関係を目で見て把握する力がどのくらいあるかについて確認します。

準備

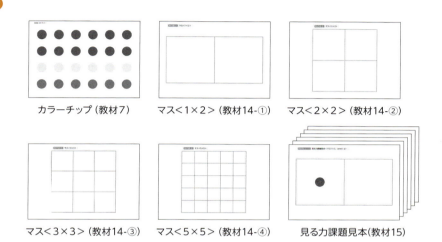

カラーチップ（教材7）　マス＜1×2＞（教材14-①）　マス＜2×2＞（教材14-②）
マス＜3×3＞（教材14-③）　マス＜5×5＞（教材14-④）　見る力課題見本（教材15）

方法

　指導者は白紙のマスの用紙と見る力課題見本を準備します。見る力課題見本は、LevelⅠからⅣまでありますが、順に難易度があがっていきます。子どもは、見る力課題見本と同じマス目の数がある白紙のマス用紙を使って、見る力課題見本通りにチップが置けるかを確認します。

　必ず、LevelⅠから行います。難しいLevelから実施してしまうと、子どもに苦手意識を与えてしまいます。もともと見る力が弱い子どもにとって、この課題は非常に難しいものとなります。LevelⅠから開始して、できる自信をつけさせながら行っていきます。子どもはゲーム感覚で取り組めるので良いでしょう。楽しみながら行うことで、取り組みやすくなります。確実にできるLevelを行ってほめてから、次のLevelへすすむようにします。

　基本的には指導者が課題を示し、子どもに課題を実施してもらいますが、時には、子どもが提示した課題を指導者が行うなど、楽しめる工夫をしながらすすめていきましょう。

　課題の難易度は、マスの用紙を置く位置、マス目の数、見本となる図形の形などによって決まります。難易度一覧表を参考にしてください。

■ 留意事項

用紙の位置について

　白紙のマス用紙と課題見本を縦（上下）に並べて置く場合と、横（左右）に並べて置く場合の2通りがあります。前者のほうが、子どもにとってやさしくなります。上下に並べるときは、課題見本を指導者の前に、課題見本と同じ数のマス目がある白紙のマス用紙を子どもの前に置きます。横に並べるときは、それらを子どもの前に2枚並べて置きます。子どもが右利きであれば、子どもから見て正面に白紙のマス用紙、左側に課題見本を置きます。利き手でないほうの手は机の上に置くようにします。用紙が動くようであれば、テープなどで机に貼りつけて、用紙を固定してください。

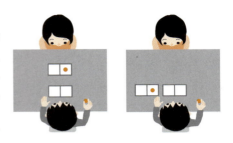

座る位置について

　指導者と子どもは向き合って座ります。用紙を縦に並べて置く場合も、横に並べて置く場合も、子どものおへそが白紙のマス用紙の真ん中にくるようにします。

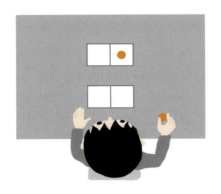 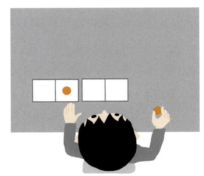

チップの置き方について

　子どもは白紙のマス用紙に、各課題見本をまねして、それと同様の位置にチップを置いていきます。指導者と子どもは向き合って座っていますが、子どもは、子どもの側から見た通りの位置にチップを置いていきます。

　用紙を縦（上下）に並べて置く場合、チップは縦一列に置くほうがやさしくなります。横並び（左右）に並べた場合は、チップは横一列に置くほうがやさしくなります。

　利き手でないほうの手は机の上に置くようにします。

■マスとチップを使った課題の難易度一覧表

		難易度が低い	難易度が高い
用紙	課題見本	Level Ⅰ　→	Level Ⅳ
	課題見本と白紙のマス用紙の位置関係 ※子どもによって難易度が逆の場合もある	縦（上下）に並べて置く	横（左右）に並べて置く
	マス目の数	少ない	多い
チップ	チップの移動	・指導者と交互に行う ・置く過程（動き）を見せる ※主に指導者も白紙のマス用紙を使う場合	・課題見本を見ながら１人で行う ・置く過程（動き）を見せない
	チップの並べ方	横・縦	斜め

第4章

❸ 目で見る力について

■見る力課題見本一覧

マス＜１×２＞Level Ⅰ

マス＜２×２＞Level Ⅱ

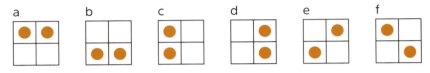

マス＜３×３＞Level Ⅲ

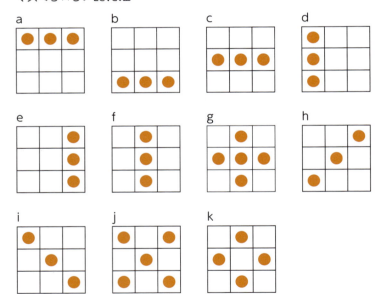

マス＜5×5＞LevelⅣ

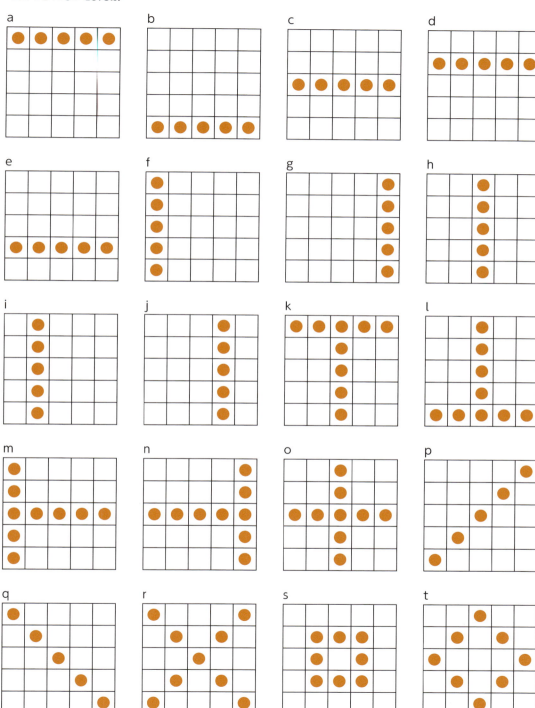

指導方法

　評価の場面でできなかったLevelからはじめます。異なる点は、評価で使った見る力課題見本を参考に、基本的に指導者が白紙のマスの用紙を使って課題見本をつくります。そして、それを子どもにまねしてもらいます。

　指導者と子どもは向かい合って座ります。2枚の用紙は、各々の前に置いたり（縦に並べて置く）、横並びに置いたりします。チップは、基本的には使用する分だけを用紙の前に置いておきます。

　マスにチップを置くときは、課題見本を確認しながら、一つひとつ順番にチップ置いていくことが大切です。子どもがチップを適当に置こうとする場合は、まず子どもに課題見本の位置を指さしさせて、次に自分のマスのどこに置くのかを指さしで確認させてから、指導者が子どもにチップを渡し、子どもに置いてもらいます。また、課題見本をみてから、自分の用紙の前にセットされているチップを取りに戻る間に置く場所がわからなくなってしまう場合は、自分のマスに置く位置を指さしさせたままでチップを取りにいくようにします。

　チップを置くときに、上下や左右、数の概念が育っている子どもの場合には、「上、下、右、左、1番目…」というように言葉で誘導してもかまいませんが、できるようになってきたら言葉での誘導をなくしていきます。

　チップの移動は、課題が終わったごとに一旦用紙の手前に戻してから次の課題へ移る場合と、前の課題の続きから、そのまま、次の課題のマスへ移動させる方法の2通りがあります。子どもは、後者の方法で移動させるほうがわかりやすい場合が多いです。

　また指導者がいっぺんに置いたチップを子どもに同じように置いてもらったり、子どもに目かくしをして指導者がチップを置く過程を見せないような課題も出てきます。それらが難しいようであれば、チップは指導者と子どもで交互に置く、目かくしはやめるなど、無理をせずにやさしいLevelへ戻すようにしましょう。

　マスの数はすぐに増やすのではなく、少ないマスで正確にできるようにします。特に斜めの要素が入っている形は確実にできるようにしていきましょう。

　評価方法 にあった留意事項（⇒112頁）、マスとチップを使った課題の難易度一覧表（⇒113頁）は共通する事柄なので、確認しておきましょう。

1　マス＜1×2＞を使って

　一番やさしい課題となります。該当する見る力課題見本を参考に、指導者は課題見本を提示します。

準 備

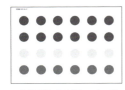
赤色2枚のカラーチップ
（教材7）

マス＜1×2＞
（教材14-①）

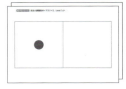
見る力課題見本
（教材15-①-①・②）

A4程度の厚紙

step 1　用紙は縦に置く＋チップは交互に置く

　指導者と子どもの前に、マス＜１×２＞の用紙を横長の向きで、縦に並べて置きます。各自の前に、赤いチップを１枚だけ置きます。

　指導者は、自分の前にある用紙のマスにチップを置き、子どもにそれをまねするように伝えます。指導者は、自分がチップを置くときの動作を子どもにゆっくり見せると、子どもはわかりやすくなります。子どもがクリアできたら、位置を変えて再び同じように行います。

　クリアできない場合は、子どもに正しい位置を教えるなどして、できるまで行います。

うーん……

step 2　用紙は縦に置く＋チップは交互に置く＋目かくし

　厚紙など子どもの視線を遮るものを準備します。指導者と子どもの前に、マス＜１×２＞の用紙を横長の向きで、縦に並べて置きます。各自の前に、赤いチップを１枚だけ置きます。

　指導者は、厚紙などで子どもの視線を遮り、置く過程を見せないようにしながら、自分の前にある用紙のマスにチップを置きます。子どもの視線を遮るのをやめて、子どもに課題見本と同じ場所にチップを置くように伝えます。子どもに目かくしをする以外は、 step 1 と同様の手順で行います。繰り返しても難しい場合には、 step 1 に戻ります。

目かくし

step 3　用紙は横並びに置く＋チップは交互に置く

　マス＜1×2＞の用紙を横長の向きで、子どもの前に横並びに置きます。子どもが右利きであれば、子どもから見て正面の用紙を使い、指導者は子どもからみて左側の用紙を使います。各自の前に赤いチップを1枚だけ置きます。
　指導者は step1 と同様の手順でチップを移動させます。子どもが混乱するようであれば、まずは用紙を縦に並べた課題のみをやっていきます。

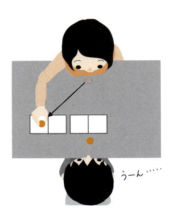

step 4　用紙は横並びに置く＋チップは交互に置く＋目かくし

　厚紙など子どもの視線を遮るものを準備します。
　マス＜1×2＞の用紙を横長の向きで、子どもの前に横並びに置きます。子どもが右利きであれば、子どもから見て正面の用紙を使い、指導者は子どもからみて左側の用紙を使います。各自の前に赤いチップを1枚だけ置きます。
　指導者は、厚紙などで子どもの視線を遮り、置く過程を見せないようにしながら、自分の用紙のマスにチップを置きます。子どもの視線を遮るのをやめて、子どもに課題見本と同じ場所にチップを置くように伝えます。
　あとは、 step1 と同様の手順でチップを移動させます。

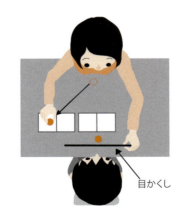

目かくし

step 5　用紙を縦長に配置して、繰り返す

＜１×２＞マスの用紙を縦長の向きに縦に置いて、 step 1 ～ step 4 を行います。
「上」「下」などの言葉の意味がわかる場合には、言葉で誘導してもかまいません。できるようになってきたら言葉での誘導はやめて、見本を見ただけでできるようにしていきます。

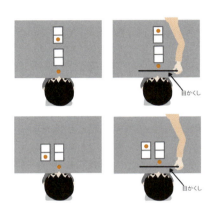

2　マス＜２×２＞を使って

マス目の数が増えると課題見本のバリエーションも増えて、使用するチップの数も多くなることから、難易度はあがります。４マスあるので、斜めの課題が入ってきます。該当の見る力課題見本を参考にします。

準 備

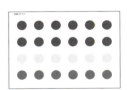
赤4枚、青2枚、黄色2枚、緑色
2枚のカラーチップ（教材7）

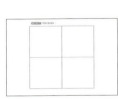
マス＜２×２＞
（教材14-②）

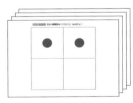
見る力課題見本
（教材15-②-①～⑥）

Ａ４程度の厚紙

step 1　用紙は縦に置く＋チップは交互に置く

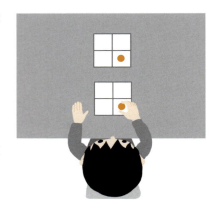

　指導者と子どもの前に、マス＜2×2＞の用紙を縦に並べて置きます。各自の前に、赤色のチップを1枚だけ置きます。

　指導者は、自分の前にある用紙のマスにチップを置き、子どもにそれをまねするように伝えます。1枚のチップが、4つあるマス目のどの位置に置かれても、正しく置けるようになるまで行います。

　次に、厚紙の用紙などを使って子どもの視線を遮り（厚紙で目かくしをする）、指導者がチップを置く過程を子どもに見せないようにして行うと、難易度があがります。

step 2　用紙は縦に置く＋チップは交互に置く＋4色のチップを4か所

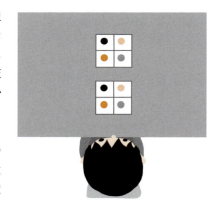

　指導者と子どもの前に、マス＜2×2＞の用紙を縦に並べて置きます。チップは指導者と子どもの分で4色を2セット用意し（例えば赤・青・黄・緑を各2枚）、各自の前に置きます。指導者は4色のチップを1枚ずつ、子どもと交互に置いていきます。クリアできたら、チップの位置をかえて再び行います。

　指導者がいっぺんに4枚のチップを置いてから、それを子どもにまねさせたり、厚紙の用紙などを使って子どもの視線を遮り（厚紙で目かくしをする）、指導者がチップを置く過程を子どもに見せないようにしてから行うと、難易度があがります。

step 3　用紙は縦に置く＋チップは交互に置く＋色の異なるチップを2か所

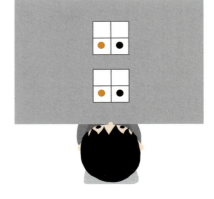

　指導者と子どもの前に、マス＜2×2＞の用紙を縦に並べて置きます。チップは指導者と子どもの分で2色を2セット用意し（例えば赤と青を各2枚）、各自の前に置きます。

　指導者は、赤と青のチップをマスの2か所に1枚ずつ置き、交互に、子どもにまねするように伝えます。最初は教材15-②-①～④のように横1列、縦1列からはじめます。できるようになってきたら、教材15-②-⑤・⑥のように、斜めに置くパターンも入れていきます。クリアできたら、チップの位置をかえて再び行います。

　指導者がいっぺんに2枚のチップを置いてから子どもにまねをさせたり、厚紙の用紙などを使って子どもの視線を遮り（厚紙で目かくしをする）、指導者がチップを置く過程を子どもに見せないようにしてから行うと、難易度があがります。

step 4　用紙は縦に置く＋チップは交互に置く＋同色のチップを2か所

　指導者と子どもの前に、マス＜2×2＞の用紙を縦に並べて置きます。難易度をあげるために、指導者と子どものチップの色を揃えて（例えば赤4枚を各2枚）、各自の前に置きます。指導者は、同色のチップ2枚をマスの2か所に1枚ずつ置き、交互に、子どもにまねするように伝えます。最初は横1列、縦1列からはじめます。できるようになってきたら、斜めに置くパターンも入れていきます。クリアできたら、チップの位置をかえて再び行います。

　指導者がいっぺんに2枚のチップを置いてから子どもにまねをさせたり、厚紙の用紙などを使って子どもの視線を遮り（厚紙で目かくしをする）、指導者がチップを置く過程を子どもに見せないようにしてから行うと、難易度があがります。

step 5　用紙は横並びに置く

　マス＜2×2＞の用紙を子どもの前に横並びに置きます。step 1 ～ step 4 を行います。

3 マス＜3×3＞を使って

　課題見本のバリエーションがさらに増えます。該当の見る力課題見本を参考に、課題の内容は「横1列」「縦1列」からはじめて、次に「十字」、「斜め」、「クロス」、最後に「ひし形」の順に行っていきます。

準備

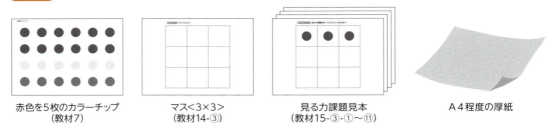

赤色を5枚のカラーチップ　　マス＜3×3＞　　　　見る力課題見本　　　　　A4程度の厚紙
　　（教材7）　　　　　　　（教材14-③）　　　（教材15-③-①〜⑪）

step1　用紙は縦に置く＋チップは交互に置く

　指導者と子どもの前に、マス＜3×3＞の用紙を縦に並べて置きます。各自の前に、赤色のチップを1枚だけ置きます。

　指導者は、用紙のマスにチップを1枚置き、子どもにそれをまねするように伝えます。1枚のチップが、9つあるマス目のどの位置に置かれても、正しく置けるようになるまで行います。

　次に、厚紙の用紙などを使って子どもの視線を遮り（厚紙で目かくしをする）、指導者がチップを置く過程を子どもに見せないようにすると、難易度があがります。

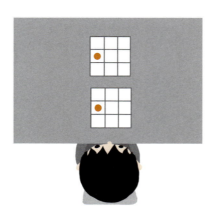

step 2　**用紙は縦に置く＋チップは交互に置く＋複雑な形**

　指導者と子どもの前に、マス＜3×3＞の用紙を縦に並べて置きます。各用紙の手前に、課題見本をつくるのに必要なチップの枚数を置きます。

　指導者は「横1列」や「縦1列」の課題からはじめて、子どもがクリアしていけば、「斜め」や「クロス」、「ひし形」の順に複雑な形のものにチャレンジさせていきます。課題見本をつくるときは、形の端からチップを1枚ずつ置いていきます。子どもにまねするように伝え、両者が交互にチップを置いていくようにします。

　最初は、子どもに自分の白紙のマス用紙に置く位置を指さしさせて、置く位置を確認させたのちに、指導者が子どもにチップを1枚渡し、置いてもらうのもいいでしょう。間違える場合は、一つ前に置いたチップを確認させて、次に置くチップが、上下、左右、斜めのどの位置関係にあるかを把握させます。数の概念がある子どもの場合には、右から何番目とか上から何番目などと、数えながら位置関係を確認させます。特に斜めに置いていく課題は難しい課題になります。わかりにくい場合は、例えば、一つ前に置いたチップの右斜め下に置くときに「一つ右の一つ下」というように言葉で誘導します。次第に数えなくてもできるようにします。

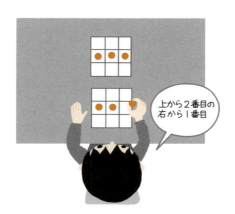

Column　**置く場所を数えて考えること**

　「目で見る力」で行う課題は、位置関係を把握する力を高めることを目的にしています。この課題が得意な子どもは、課題の見本をパッと見ただけで、その形をつくりあげることができます。しかし、目で見る力が不得意な場合には、位置関係を数などの言葉に置き換えて、理解します。この「言葉に置き換える」という作業を頭の中で行う必要があるため、パッと見て位置関係を把握できる子どもと比べると時間がかかり、疲れやすくなります。こうした子どもには、各課題を確実にクリアしていくことを目標にします。

step 3　課題見本のチップを移動させる

　指導者の前には教材15-③-①〜⑪のなかから選んだ見る力課題見本を、子どもの前にはマス＜3×3＞の用紙を縦に並べて置きます。子どもの用紙の手前に、見る力課題見本をつくるのに必要な同じ色のチップの枚数を置きます。
　やさしい課題からはじめます。例えば「横1列」の見る力課題見本であれば、見本に描かれている赤い丸に、チップを重ねて置きます。指導者は見る力課題見本の図形を端から指さし、子どもには自分の用紙にその位置を指さしさせてチップを置く位置を確認させてから、見る力課題見本に重ねられたチップを自分の用紙に順次移すよう伝えます。こうして、子どもは自分の課題を完成させます。
　見る力課題見本は「横1列」「縦1列」からはじめて、次に「十字」、「斜め」、「クロス」、最後に「ひし形」の順に難易度をあげていきます。

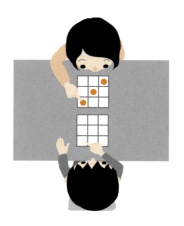

step 4　課題見本へチップを戻す

　step3で完成したところから行います。
　子どもの用紙の上に完成して配置してあるチップを、端から順に、見る力課題見本と同じ位置に再び重ねていきます。この時に、ただ見る力課題見本に重ねるだけでなく、順に同じ位置に乗せていくことがポイントとなります。

| step 5 | 課題見本を見本として |

指導者の前には教材15-③-①〜⑪のなかから選んだ見る力課題見本を、子どもの前にはマス＜３×３＞の用紙を置きます。子どもの用紙の手前に、見る力課題見本をつくるのに必要な同じ色のチップの枚数を置きます。

子どもは、見る力課題見本を見ながら、自分のマス用紙にチップを使って同じものをつくっていきます。見る力課題見本は「横１列」「縦１列」からはじめ、次に「十字」、「斜め」、「クロス」、最後に「ひし形」の順に難易度をあげていきます。

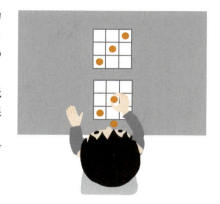

| step 6 | 用紙を横並びに置く |

マス＜３×３＞や教材15-③-①〜⑪の用紙を横並びに置いて、| step 1 | 〜 | step 5 | を行います。

4 マス＜５×５＞を使って

課題の順は、該当の見る力課題見本を参考に、＜３×３＞の場合と同様の流れで行います。マスの数が増えるので、位置関係の把握がより複雑になり、難易度があがります。

準備

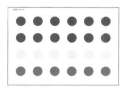
赤色を9枚のカラーチップ
（教材7）

マス＜５×５＞（教材14-④）

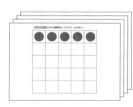
見る力課題見本
（教材15-④-①〜⑳）

Ａ４程度の厚紙

マス＜５×５＞を使って繰り返す

マス＜５×５＞を使って、「| 3 | | step 1 | 〜 | step 6 |」（⇒122頁〜125頁）を同様に行います。

5 ドットで

　方法はマス目で行う場合と同様です。マス目からドットにかえることで、応用力がついていきます。マス目がなくなると、チップを整列させて並べることが難しくなります。手先の不器用さがある場合は、まずはマス目の課題をしっかりと取り組みましょう。置いたチップがずれないように「第2章　2　文字の読み　Column『カードを固定させる』」（⇒30頁）を参考に、マジックテープを利用するのも良いでしょう。

準備

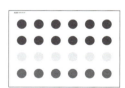

必要数のカラーチップ（教材7）

Ａ４程度の用紙を２枚

マス目の代わりにドットで行う

　用紙にドットを書きます。子どもには、その上にチップを置いてもらいます。マス＜１×２＞を想定したものであれば２つのドットを、マス＜２×２＞を想定したものであれば４つのドットを、マス＜３×３＞であれば９つのドットを、マス＜５×５＞であれば25のドットを用紙に書きます。
　これまでマスの用紙で行ってきた「 指導方法 ❶ ～ ❹ 」（⇒116頁～125頁）を参考に、行ってみてください。難しいようであれば、ドットの色をかえて行っても良いのですが、最終的にはすべて同じ色のドットでできるようにしていきます。

○マス＜１×２＞の場合…指導方法は ❶ を参照

○マス＜２×２＞の場合…指導方法は ❷ を参照

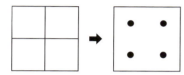

○マス＜３×３＞の場合…指導方法は ❸ を参照

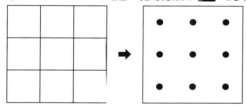

○マス＜５×５＞の場合…指導方法は ❹ を参照

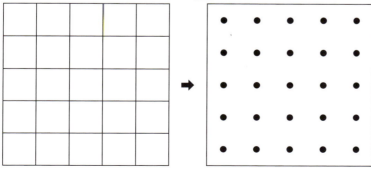

読み書き指導一覧表

指導の全体像を下記の表に簡易にまとめました。指導者が家族へ指導するときに活用します。家庭で行ってほしいところに○などをつけて、家族へ渡します。

指導日　　　　　年　　　　月　　　　日

読み	**語彙**	語彙を増やす ▶P20	身近なもの ▶P21	身に着けるもの ▶P21	動詞 ▶P19〜P21	形容詞 ▶P19〜P21	——	——	——
	文字の読み	単語の選択 ▶P24	単語と絵 ▶P26	絵と単語 ▶P27	単語を選択 ▶P27	単語を読む ▶P28	単語づくりⅠ ▶P28〜P32	単語づくりⅡ ▶P33〜P35	——
	本読み	本に親しませる ▶P37	部分的読み ▶P38	清音（逐次読み） ▶P40	濁音・半濁音・促音・長音 ▶P41	拗音 ▶P43	理解 ▶P43	質問 ▶P44	気持ち ▶P44
書き	**文字を書く 棒練習**	横線・縦線 ▶P57	十字 ▶P58	四角 ▶P58	斜め線 ▶P59	クロス ▶P59	三角 ▶P60	——	——
	文字を書く 書く	横線・縦線 ▶P62・P63	十字・丸 ▶P63・P64	四角 ▶P68	斜め線 ▶P70	クロス ▶P71	三角 ▶P72	ひらがななぞり書き（1・2・3・4・5） ▶P66・P67	ひらがな模写（1・2・3・4・5） ▶P75〜P77
	日記を書く	なぞり書き日記 ▶P83・P84	模写日記〈部分〉 ▶P85・P86	模写日記 ▶P86〜P88	質問 ▶P84・P86・P87	文章づくり ▶P88	いつ、どこで、だれと、なにをした、どうおもった？ ▶P88	——	——
	鉛筆の持ち方	手掌回外握り ▶P74	手掌回内握り ▶P74	手指回内握り ▶P74	側方つまみ ▶P74	静的三指握り ▶P74	——	——	——
コメント									

（　）内はひらがなの難易度を示している。該当か所に○をつける。

CD-ROMの使い方

教　材

■収録内容

CD-ROMには、本書で使用する教材が収載されています。

■起動方法

CD-ROMドライブに、本書付属の「発達が気になる子への読み書き指導ことはじめ」CD-ROMをセットします。デスクトップにCD-ROMフォルダが自動的に表示されますので、「index」ファイルをダブルクリックしてください。各種教材のタイトルが表示されます。

印刷における仕様等は、次頁にある「収録教材一覧」を必ずご参照ください。

■推奨OS

・Windows7、8、10
・Mac OS X Yosemite

■PDFファイル

PDFファイルをご覧になるには「Adobe Acrobat Reader」が必要です。

■警告

このディスクは「CD-ROM」です。一般のオーディオ機器では絶対に再生しないでください。大音量によって耳に障害を被ったり、スピーカーが破損するおそれがあります。

■取扱い上の注意

直射日光が当たる場所や高温、多湿の場所で放置しないでください。ディスク面に付着した汚れ、ほこり等はやわらかい渇いた布か、市販のCDクリーナーで軽く拭き取ってください。

[商標]
・Windows®の正式名称はMicrosoft® Windows® operating Systemです。
・Windows 7、Windows 8は米国Microsoft Corporationの米国およびその他の国における登録商標または商標です。
・Mac OSはApple Computer Inc.の米国およびその他の国における登録商標または商標です。
・Adobe Acrobat Readerは、Adobe Systems Incorporated（アドビ　システムズ社）の米国ならびにほかの国における登録商標または商標です。

収録教材一覧

	教材	使用する場面	使用上の注意点	印刷上の注意点	
				用紙向き等	カラーモード
1	語彙記録シート	・「語彙」評価方法（18頁） ・Lesson1 語彙を増やす（19頁） ・Lesson1 ひらがなの読みと書きをすすめる（81頁）	子どもの発達を確認し、ほめる材料にしてください。	A4縦	白黒 or カラー
2	読みチェックシート	・「文字の読み」評価方法（22頁） ・Lesson2 絵の名称の単語づくりⅠ（28頁） ・Lesson2 本の読み聞かせと部分的読み（38頁）	子どもの発達を確認し、ほめる材料にしてください。	A4縦	白黒 or カラー
3	書きチェックシート	・「文字を書く」評価方法その3（56頁） ・「日記を書く」評価方法（81頁） ・Lesson3-2 模写日記（86頁）	子どもの発達を確認し、ほめる材料にしてください。	A4縦	白黒 or カラー
4	ひらがな書字難易度表	・「文字の読み」評価方法（22頁） ・Lesson2-1 ひらがなのなぞり書き（65頁） ・Lesson3 ひらがなの模写（73頁） ・Lesson1 ひらがなの読みと書きをすすめる（81頁） ・Lesson3-2 模写日記（86頁）	難易度の順にすすめてください。	A4縦	白黒 or カラー
5	ランダム50音表	・「文字の読み」評価方法（22頁） ・Lesson2 絵の名称の単語づくりⅠ（28頁） ・Lesson2 本の読み聞かせと部分的読み（38頁） ・「日記を書く」評価方法（81頁）	子どもが読めなかった場合に「×」をつけないようにしてください。	A4横	白黒 or カラー

教材		使用する場面	使用上の注意点	印刷上の注意点	
				用紙向き等	カラーモード
6-①	文字チップ<あ〜ね>	・Lesson2 絵の名称の単語づくりⅠ（28頁） ・Lesson3 絵の名称の単語づくりⅡ（33頁）		A4 横 エーワンのプリンタ用紙を使う場合は用紙の所定に従う（注1）。	白黒
6-②	文字チップ<の〜ん>				
7	カラーチップ	・「目で見る力について」評価方法（111頁） ・指導方法1 マス<1×2>を使って（116頁） ・指導方法2 マス<2×2>を使って（119頁） ・指導方法3 マス<3×3>を使って（122頁） ・指導方法4 マス<5×5>を使って（125頁） ・指導方法5 ドットで（126頁）	マス<5×5>で使用する場合は、四方を7〜8mmカットしてお使いください。	A4 横 エーワンのプリンタ用紙を使う場合は用紙の所定に従う（注1）。	カラー
8	身体のパズル	・Column人物画を描く練習（51頁）	色を塗って使用してもかまいません。	A4 縦	白黒
9-①	絵文字カード<あ行・か行>	・「語彙」評価方法（18頁） ・Lesson1 語彙を増やす（19頁） ・Lesson1 マッチング（23頁） ・Lesson2 絵の名称の単語づくりⅠ（28頁） ・Lesson1 ひらがなの読みと書きをすすめる（81頁）	不器用さのある子どもに向けてつくった文字見本です。そのため、撥ねや払いなどのないひらがなになっています。	A4 横 エーワンのプリンタ用紙を使う場合は用紙の所定に従う（注2）。 両面印刷（注3）	カラー

■エーワンは3M社またはその関連会社の商標です。

	教材	使用する場面	使用上の注意点	印刷上の注意点	
				用紙向き等	カラーモード
9-⑤	絵文字カード <る・れ・ろ・わ・を・ん> かえる／れんこん／ろうそく／わに／てをあらう／ほん	・「語彙」評価方法（18頁） ・Lesson1 語彙を増やす（19頁） ・Lesson1 マッチング（23頁） ・Lesson2 絵の名称の単語づくりⅠ（28頁） ・Lesson1 ひらがなの読みと書きをすすめる（81頁）	不器用さのある子どもに向けてつくった文字見本です。そのため、撥ねや払いなどのないひらがなになっています。	A4 横 エーワンのプリンタ用紙を使う場合は用紙の所定に従う（注2）。 両面印刷 （注3）	カラー
10-①	図形見本カード <横線・縦線>	・「文字を書く」評価方法その2（53頁）	見本を提示する際は傾かないようにしてください。	A4 縦	白黒
10-②	図形見本カード <丸・十字>				
10-③	図形見本カード <四角・クロス>				

（注2）【推奨用紙】エーワンのプリンタ用紙：品番51677（10シート）または51678（50シート）
（注3）1枚ずつ手差しで挿入してください。裏面を印刷するときは向きに注意してください。

	教材	使用する場面	使用上の注意点	印刷上の注意点	
				用紙向き等	カラーモード
10-④	図形見本カード <三角・ひし形>	・「文字を書く」評価方法その2（53頁）	見本を提示する際は傾かないようにしてください。	A4縦	白黒
11-①	なぞり書き <横線>	・Column文字の形が崩れる場合（77頁）	なぞり書き<波線、（大）>、なぞり書き<波線、（小）>の課題については、用紙を縦向きにして、上から下へ向かって書く練習にも使ってください。	A4横	カラー
11-②	なぞり書き <縦線>				
11-③	なぞり書き <直線Ⅰ>				
11-④	なぞり書き <直線Ⅱ>				

教材		使用する場面	使用上の注意点	印刷上の注意点	
				用紙向き等	カラーモード
11-⑤	なぞり書き <直線Ⅲ>	・Column文字の形が崩れる場合（77頁）	なぞり書き＜波線、（大）＞、なぞり書き＜波線、（小）＞の課題については、用紙を縦向きにして、上から下へ向かって書く練習にも使ってください。	A4横	カラー
11-⑥	なぞり書き <直線Ⅳ>				
11-⑦	なぞり書き <斜線Ⅰ>				
11-⑧	なぞり書き <斜線Ⅱ>				
11-⑨	なぞり書き <丸（大）>				
11-⑩	なぞり書き <丸（小）>				

教材		使用する場面	使用上の注意点	印刷上の注意点	
				用紙向き等	カラーモード
11-⑪	なぞり書き <波線（大）、横縦兼用>	・Column文字の形が崩れる場合（77頁）	なぞり書き<波線、（大）>、なぞり書き<波線、（小）>の課題については、用紙を縦向きにして、上から下へ向かって書く練習にも使ってください。	A4横	カラー
11-⑫	なぞり書き <波線（小）、横縦兼用>				
11-⑬	なぞり書き <うずまき（大）>				
11-⑭	なぞり書き <うずまき（小）>				
12-①-①	ステップなぞり書き＆模写 <横線、なぞり書き>	・Lesson1-2 鉛筆で図形を描くⅠ（60頁） ・Lesson2-2 鉛筆で図形を描くⅡ（67頁） ・Lesson1 ひらがなの読みと書きをすすめる（81頁）	この教材の課題は「なぞり書き→誘導線＋ドット→ドット→模写」の順に難易度があがっていきます。できない場合は、必ずやさしい課題へ戻るようにします。 「模写」の課題は1段目にある図形を見本にして、2段目から描いていきます。	A4横	カラー
12-①-②	ステップなぞり書き＆模写 <横線、誘導線＋ドット>				

教材		使用する場面	使用上の注意点	印刷上の注意点	
				用紙 向き等	カラー モード
12-①-③	ステップなぞり書き＆模写 <横線、ドット>	・Lesson1-2 鉛筆で図形を描くⅠ（60頁） ・Lesson2-2 鉛筆で図形を描くⅡ（67頁） ・Lesson1 ひらがなの読みと書きをすすめる（81頁）	この教材の課題は「なぞり書き→誘導線＋ドット→ドット→模写」の順に難易度があがっていきます。できない場合は、必ずやさしい課題へ戻るようにします。 「模写」の課題は1段目にある図形を見本にして、2段目から描いていきます。	A4 横	カラー
12-①-④	ステップなぞり書き＆模写 <横線、模写>				
12-②-①	ステップなぞり書き＆模写 <縦線、なぞり書き>				
12-②-②	ステップなぞり書き＆模写 <縦線、誘導線＋ドット>				
12-②-③	ステップなぞり書き＆模写 <縦線、ドット>				
12-②-④	ステップなぞり書き＆模写 <縦線、模写>				

教材		使用する場面	使用上の注意点	印刷上の注意点	
				用紙向き等	カラーモード
12-③-①	ステップなぞり書き＆模写 <十字、なぞり書き>	・Lesson1-2 鉛筆で図形を描くⅠ（60頁） ・Lesson2-2 鉛筆で図形を描くⅡ（67頁） ・Lesson1 ひらがなの読みと書きをすすめる（81頁）	この教材の課題は「なぞり書き→誘導線＋ドット→ドット→模写」の順に難易度があがっていきます。できない場合は、必ずやさしい課題へ戻るようにします。 「模写」の課題は1段目にある図形を見本にして、2段目から描いていきます。	A4横	カラー
12-③-②	ステップなぞり書き＆模写 <十字、誘導線＋ドット>				
12-③-③	ステップなぞり書き＆模写 <十字、ドット>				
12-③-④	ステップなぞり書き＆模写 <十字、模写>				
12-④-①	ステップなぞり書き＆模写 <丸、なぞり書き>				
12-④-②	ステップなぞり書き＆模写 <丸、誘導線＋ドット>				

教材		使用する場面	使用上の注意点	印刷上の注意点	
				用紙向き等	カラーモード
12-④-③	ステップなぞり書き＆模写 <丸、ドット>	・Lesson1-2 鉛筆で図形を描くⅠ(60頁) ・Lesson2-2 鉛筆で図形を描くⅡ(67頁) ・Lesson1 ひらがなの読みと書きをすすめる（81頁）	この教材の課題は「なぞり書き→誘導線＋ドット→ドット→模写」の順に難易度があがっていきます。できない場合は、必ずやさしい課題へ戻るようにします。 「模写」の課題は1段目にある図形を見本にして、2段目から描いていきます。	A4横	カラー
12-④-④	ステップなぞり書き＆模写 <丸、模写>				
12-⑤-①	ステップなぞり書き＆模写 <四角、なぞり書き>				
12-⑤-②	ステップなぞり書き＆模写 <四角、誘導線＋ドットa>				
12-⑤-③	ステップなぞり書き＆模写 <四角、誘導線＋ドットb>				
12-⑤-④	ステップなぞり書き＆模写 <四角、誘導線＋ドットc>				

教材		使用する場面	使用上の注意点	印刷上の注意点	
				用紙向き等	カラーモード
12-⑤-⑤	ステップなぞり書き＆模写 <四角、ドットa>	・Lesson1-2 鉛筆で図形を描くⅠ（60頁） ・Lesson2-2 鉛筆で図形を描くⅡ（67頁） ・Lesson1 ひらがなの読みと書きをすすめる（81頁）	この教材の課題は「なぞり書き→誘導線＋ドット→ドット→模写」の順に難易度があがっていきます。できない場合は、必ずやさしい課題へ戻るようにします。 「模写」の課題は1段目にある図形を見本にして、2段目から描いていきます。	A4横	カラー
12-⑤-⑥	ステップなぞり書き＆模写 <四角、ドットb>				
12-⑤-⑦	ステップなぞり書き＆模写 <四角、模写>				
12-⑥-①	ステップなぞり書き＆模写 <斜め線Ⅰ、なぞり書き>				
12-⑥-②	ステップなぞり書き＆模写 <斜め線Ⅰ、誘導線＋ドット>				
12-⑥-③	ステップなぞり書き＆模写 <斜め線Ⅰ、ドット>				

教材		使用する場面	使用上の注意点	印刷上の注意点	
				用紙 向き等	カラー モード
12-⑥-④	ステップなぞり書き＆模写 ＜斜め線Ⅰ、模写＞	・Lesson1-2 鉛筆で図形を描くⅠ（60頁） ・Lesson2-2 鉛筆で図形を描くⅡ（67頁） ・Lesson1 ひらがなの読みと書きをすすめる（81頁）	この教材の課題は「なぞり書き→誘導線＋ドット→ドット→模写」の順に難易度があがっていきます。できない場合は、必ずやさしい課題へ戻るようにします。 「模写」の課題は1段目にある図形を見本にして、2段目から描いていきます。	A4 横	カラー
12-⑦-①	ステップなぞり書き＆模写 ＜斜め線Ⅱ、なぞり書き＞				
12-⑦-②	ステップなぞり書き＆模写 ＜斜め線Ⅱ、誘導線＋ドット＞				
12-⑦-③	ステップなぞり書き＆模写 ＜斜め線Ⅱ、ドット＞				
12-⑦-④	ステップなぞり書き＆模写 ＜斜め線Ⅱ、模写＞				
12-⑧-①	ステップなぞり書き＆模写 ＜クロス、なぞり書き＞				

	教材	使用する場面	使用上の注意点	印刷上の注意点	
				用紙向き等	カラーモード
12-⑧-②	ステップなぞり書き＆模写 <クロス、誘導線＋ドット>	・Lesson1-2 鉛筆で図形を描くⅠ（60頁） ・Lesson2-2 鉛筆で図形を描くⅡ（67頁） ・Lesson1 ひらがなの読みと書きをすすめる（81頁）	この教材の課題は「なぞり書き→誘導線＋ドット→ドット→模写」の順に難易度があがっていきます。できない場合は、必ずやさしい課題へ戻るようにします。 「模写」の課題は1段目にある図形を見本にして、2段目から描いていきます。	A4 横	カラー
12-⑧-③	ステップなぞり書き＆模写 <クロス、ドット>				
12-⑧-④	ステップなぞり書き＆模写 <クロス、模写>				
12-⑨-①	ステップなぞり書き＆模写 <三角、なぞり書き>				
12-⑨-②	ステップなぞり書き＆模写 <三角、誘導線＋ドットa>				
12-⑨-③	ステップなぞり書き＆模写 <三角、誘導線＋ドットb>				

143

	教材	使用する場面	使用上の注意点	印刷上の注意点	
				用紙 向き等	カラー モード
12-⑨-④	ステップなぞり書き＆模写 <三角、誘導線＋ドットc>	・Lesson1-2 鉛筆で図形を描くⅠ（60頁） ・Lesson2-2 鉛筆で図形を描くⅡ（67頁） ・Lesson1 ひらがなの読みと書きをすすめる（81頁）	この教材の課題は「なぞり書き→誘導線＋ドット→ドット→模写」の順に難易度があがっていきます。できない場合は、必ずやさしい課題へ戻るようにします。 「模写」の課題は1段目にある図形を見本にして、2段目から描いていきます。	A4 横	カラー
12-⑨-⑤	ステップなぞり書き＆模写 <三角、ドットa>				
12-⑨-⑥	ステップなぞり書き＆模写 <三角、ドットb>				
12-⑨-⑦	ステップなぞり書き＆模写 <三角、模写>				
13-①	なぞり書き＆見本 <あ・い・う・え>	・「文字を書く」評価方法その3（56頁） ・Lesson2-1 ひらがなのなぞり書き（65頁） ・Lesson3 ひらがなの模写（73頁） ・「日記を書く」評価方法（81頁） ・Lesson1 ひらがなの読みと書きをすすめる（81頁） ・Lesson3-1 模写を取り入れる（85頁） ・Lesson3-2 模写日記（86頁） ・「鏡文字」評価方法（103頁） ・指導方法2 逆の書き順で線を書いてしまう場合（107頁）	この教材はなぞり書きとして実際にひらがなを書く練習用に、また別の紙にひらがなを模写するときの見本としても使えます。 不器用さのある子どもたちに使いやすくつくっているため、撥ねや払いのないひらがなとなっています。	A4 横	カラー
13-②	なぞり書き＆見本 <お・か・き・く>				

教材		使用する場面	使用上の注意点	印刷上の注意点	
				用紙向き等	カラーモード
13-③	なぞり書き＆見本 <け・こ・さ・し>	・「文字を書く」評価方法その3（56頁） ・Lesson2-1 ひらがなのなぞり書き（65頁） ・Lesson3 ひらがなの模写（73頁） ・「日記を書く」評価方法（81頁） ・Lesson1 ひらがなの読みと書きをすすめる（81頁） ・Lesson3-1 模写を取り入れる（85頁） ・Lesson3-2 模写日記（86頁） ・「鏡文字」評価方法（103頁） ・指導方法2 逆の書き順で線を書いてしまう場合（107頁）	この教材はなぞり書きとして実際にひらがなを書く練習用に、また別の紙にひらがなを模写するときの見本としても使えます。 不器用さのある子どもたちに使いやすくつくっているため、撥ねや払いのないひらがなとなっています。	A4横	カラー
13-④	なぞり書き＆見本 <す・せ・そ・た>				
13-⑤	なぞり書き＆見本 <ち・つ・て・と>				
13-⑥	なぞり書き＆見本 <な・に・ぬ・ね>				
13-⑦	なぞり書き＆見本 <の・は・ひ・ふ>				
13-⑧	なぞり書き＆見本 <へ・ほ・ま・み>				

	教材	使用する場面	使用上の注意点	印刷上の注意点	
				用紙向き等	カラーモード
13-⑨	なぞり書き＆見本 <む・め・も・や>	・「文字を書く」評価方法その3（56頁） ・Lesson2-1 ひらがなのなぞり書き（65頁） ・Lesson3 ひらがなの模写（73頁） ・「日記を書く」評価方法（81頁） ・Lesson1 ひらがなの読みと書きをすすめる（81頁） ・Lesson3-1 模写を取り入れる（85頁） ・Lesson3-2 模写日記（86頁） ・「鏡文字」評価方法（103頁） ・指導方法2 逆の書き順で線を書いてしまう場合（107頁）	この教材はなぞり書きとして実際にひらがなを書く練習用に、また別の紙にひらがなを模写するときの見本としても使えます。 不器用さのある子どもたちに使いやすくつくっているため、撥ねや払いのないひらがなとなっています。	A4横	カラー
13-⑩	なぞり書き＆見本 <ゆ・よ・ら・り>				
13-⑪	なぞり書き＆見本 <る・れ・ろ・わ>				
13-⑫	なぞり書き＆見本 <を・ん>				
14-①	マス <1×2>	・Lesson3 ひらがなの模写（73頁） ・指導方法1 文字が左右反対になってしまう場合（105頁） ・指導方法2 逆の書き順で線を書いてしまう場合（107頁） ・「目で見る力について」評価方法（111頁） ・指導方法1 マス<1×2>を使って（116頁） ・指導方法2 マス<2×2>を使って（119頁） ・指導方法3 マス<3×3>を使って（122頁） ・指導方法4 マス<5×5>を使って（125頁）	課題見本と併せてご使用ください。 文字や図形を書くとき以外にも、自由にご使用ください。	A4横	白黒 or カラー
14-②	マス <2×2>				

教材		使用する場面	使用上の注意点	印刷上の注意点	
				用紙向き等	カラーモード
14-③	マス <3×3>	・Lesson3 ひらがなの模写（73頁） ・指導方法1 文字が左右反対になってしまう場合（105頁） ・指導方法2 逆の書き順で線を書いてしまう場合（107頁） ・「目で見る力について」評価方法（111頁） ・指導方法1 マス<1×2>を使って（116頁） ・指導方法2 マス<2×2>を使って（119頁） ・指導方法3 マス<3×3>を使って（122頁） ・指導方法4 マス<5×5>を使って（125頁）	課題見本と併せてご使用ください。 文字や図形を書くとき以外にも、自由にご使用ください。	A4横	白黒 or カラー
14-④	マス <5×5>				
14-⑤	マス <3×4>				
15-①-①	見る力課題見本 <マス1×2、Level Ⅰa>	・「目で見る力について」評価方法（111頁） ・指導方法1 マス<1×2>を使って（116頁） ・指導方法2 マス<2×2>を使って（119頁） ・指導方法3 マス<3×3>を使って（122頁） ・指導方法4 マス<5×5>を使って（125頁）	この課題は「目で見る力」の評価方法で使うものです。出力すれば、すぐに課題見本として使用できます。 子どもが、課題見本のどのLevelまでまねてチップを置くことができるのかを見ていきます。必ずレベル順にすすめてください。特に斜めの要素が入ると、難易度が急にあがります。	A4横	カラー
15-①-②	見る力課題見本 <マス1×2、Level Ⅰb>				
15-②-①	見る力課題見本 <マス2×2、Level Ⅱa>				

	教材	使用する場面	使用上の注意点	印刷上の注意点	
				用紙 向き等	カラー モード
15-②-②	見る力課題見本 <マス2×2、LevelⅡb>	・「目で見る力について」評価方法 （111頁） ・指導方法1 マス<1×2>を使って （116頁） ・指導方法2 マス<2×2>を使って （119頁） ・指導方法3 マス<3×3>を使って （122頁） ・指導方法4 マス<5×5>を使って （125頁）	この課題は「目で見る力」の評価方法で使うものです。出力すれば、すぐに課題見本として使用できます。 子どもが、課題見本のどのLevelまでまねてチップを置くことができるのかを見ていきます。必ずレベル順にすすめてください。特に斜めの要素が入ると、難易度が急にあがります。	A4 横	カラー
15-②-③	見る力課題見本 <マス2×2、LevelⅡc>				
15-②-④	見る力課題見本 <マス2×2、LevelⅡd>				
15-②-⑤	見る力課題見本 <マス2×2、LevelⅡe>				
15-②-⑥	見る力課題見本 <マス2×2、LevelⅡf>				
15-③-①	見る力課題見本 <マス3×3、LevelⅢa>				

	教材	使用する場面	使用上の注意点	印刷上の注意点	
				用紙向き等	カラーモード
15-③-②	見る力課題見本 <マス3×3、LevelⅢb>	・「目で見る力について」評価方法 （111頁） ・指導方法1　マス<1×2>を使って （116頁） ・指導方法2　マス<2×2>を使って （119頁） ・指導方法3　マス<3×3>を使って （122頁） ・指導方法4　マス<5×5>を使って （125頁）	この課題は「目で見る力」の評価方法で使うものです。出力すれば、すぐに課題見本として使用できます。 子どもが、課題見本のどのLevelまでまねてチップを置くことができるのかを見ていきます。必ずレベル順にすすめてください。特に斜めの要素が入ると、難易度が急にあがります。	A4横	カラー
15-③-③	見る力課題見本 <マス3×3、LevelⅢc>				
15-③-④	見る力課題見本 <マス3×3、LevelⅢd>				
15-③-⑤	見る力課題見本 <マス3×3、LevelⅢe>				
15-③-⑥	見る力課題見本 <マス3×3、LevelⅢf>				
15-③-⑦	見る力課題見本 <マス3×3、LevelⅢg>				

	教材	使用する場面	使用上の注意点	印刷上の注意点	
				用紙 向き等	カラー モード
15-③-⑧	見る力課題見本 <マス3×3、LevelⅢh>	・「目で見る力について」評価方法 　(111頁) ・指導方法1　マス<1×2>を使って 　(116頁) ・指導方法2　マス<2×2>を使って 　(119頁) ・指導方法3　マス<3×3>を使って 　(122頁) ・指導方法4　マス<5×5>を使って 　(125頁)	この課題は「目で見る力」の評価方法で使うものです。出力すれば、すぐに課題見本として使用できます。 子どもが、課題見本のどのLevelまでまねてチップを置くことができるのかを見ていきます。必ずレベル順にすすめてください。特に斜めの要素が入ると、難易度が急にあがります。	A4 横	カラー
15-③-⑨	見る力課題見本 <マス3×3、LevelⅢi>				
15-③-⑩	見る力課題見本 <マス3×3、LevelⅢj>				
15-③-⑪	見る力課題見本 <マス3×3、LevelⅢk>				
15-④-①	見る力課題見本 <マス5×5、LevelⅣa>				
15-④-②	見る力課題見本 <マス5×5、LevelⅣb>				

	教材	使用する場面	使用上の注意点	印刷上の注意点	
				用紙向き等	カラーモード
15-④-③	見る力課題見本 <マス5×5、LevelⅣc>	・「目で見る力について」評価方法（111頁） ・指導方法1　マス<1×2>を使って（116頁） ・指導方法2　マス<2×2>を使って（119頁） ・指導方法3　マス<3×3>を使って（122頁） ・指導方法4　マス<5×5>を使って（125頁）	この課題は「目で見る力」の評価方法で使うものです。出力すれば、すぐに課題見本として使用できます。 子どもが、課題見本のどのLevelまでまねてチップを置くことができるのかを見ていきます。必ずレベル順にすすめてください。特に斜めの要素が入ると、難易度が急にあがります。	A4 横	カラー
15-④-④	見る力課題見本 <マス5×5、LevelⅣd>				
15-④-⑤	見る力課題見本 <マス5×5、LevelⅣe>				
15-④-⑥	見る力課題見本 <マス5×5、LevelⅣf>				
15-④-⑦	見る力課題見本 <マス5×5、LevelⅣg>				
15-④-⑧	見る力課題見本 <マス5×5、LevelⅣh>				

	教材	使用する場面	使用上の注意点	印刷上の注意点	
				用紙 向き等	カラー モード
15-④-⑨	見る力課題見本 <マス5×5、LevelⅣi>	・「目で見る力について」評価方法 　（111頁） ・指導方法1　マス<1×2>を使って 　（116頁） ・指導方法2　マス<2×2>を使って 　（119頁） ・指導方法3　マス<3×3>を使って 　（122頁） ・指導方法4　マス<5×5>を使って 　（125頁）	この課題は「目で見る力」の評価方法で使うものです。出力すれば、すぐに課題見本として使用できます。 子どもが、課題見本のどのLevelまでまねてチップを置くことができるのかを見ていきます。必ずレベル順にすすめてください。特に斜めの要素が入ると、難易度が急にあがります。	A4 横	カラー
15-④-⑩	見る力課題見本 <マス5×5、LevelⅣj>				
15-④-⑪	見る力課題見本 <マス5×5、LevelⅣk>				
15-④-⑫	見る力課題見本 <マス5×5、LevelⅣl>				
15-④-⑬	見る力課題見本 <マス5×5、LevelⅣm>				
15-④-⑭	見る力課題見本 <マス5×5、LevelⅣn>				

教材	使用する場面	使用上の注意点	印刷上の注意点	
			用紙 向き等	カラー モード
15-④-⑮ 見る力課題見本 <マス5×5、LevelⅣo>	・「目で見る力について」評価方法 （111頁） ・指導方法1 マス<1×2>を使って （116頁） ・指導方法2 マス<2×2>を使って （119頁） ・指導方法3 マス<3×3>を使って （122頁） ・指導方法4 マス<5×5>を使って （125頁）	この課題は「目で見る力」の評価方法で使うものです。出力すれば、すぐに課題見本として使用できます。 子どもが、課題見本のどのLevelまでまねてチップを置くことができるのかを見ていきます。必ずレベル順にすすめてください。特に斜めの要素が入ると、難易度が急にあがります。	A4 横	カラー
15-④-⑯ 見る力課題見本 <マス5×5、LevelⅣp>				
15-④-⑰ 見る力課題見本 <マス5×5、LevelⅣq>				
15-④-⑱ 見る力課題見本 <マス5×5、LevelⅣr>				
15-④-⑲ 見る力課題見本 <マス5×5、LevelⅣs>				
15-④-⑳ 見る力課題見本 <マス5×5、LevelⅣt>				

注意！出力に不具合が生じる場合は、中央法規出版第1編集部（☎03-3834-5812）までお問い合わせください。

著者紹介

鴨下賢一（かもした・けんいち）

作業療法士。専門作業療法士（福祉用具・特別支援教育）。
1989年静岡医療福祉センター入職。1993年より静岡県立こども病院へ入職し、現在に至る。発達に不安や障害のある子どもたちとその家族への療育指導をするかたわら、特別支援学校等への教育支援、発達障害児に対する福祉機器の開発も数多く手がける。日本作業療法士協会制度対策部福祉用具対策委員会委員、日本発達系作業療法学会副会長、静岡発達SIG代表。
著書に『苦手が「できる」にかわる！　発達が気になる子への生活動作の教え方』、『学校が楽しくなる！　発達が気になる子へのソーシャルスキルの教え方』（以上、中央法規出版）などがある。

開発に携わった発達障害児に対する福祉機器
・携帯用会話補助装置「トークアシスト」
・意思伝達装置「ハートアシスト」
・特別支援教育支援具（Qシリーズ）
・トーキングエイド for iPad
・発達が気になる子への凹凸書字教材シート

鴨下賢一監修

発達が気になる子への
凹凸書字教材シート

著者である鴨下賢一先生が監修した、本書の手順に従ったなぞり書き練習の効果を更に高める書字教材です。特殊印刷により、ガイド部分の盛り上がりを「触って感じる」ことができます。シリーズ全8種類。
販売：株式会社オフィスサニー

〒116-0014　東京都荒川区東日暮里4-4-6　TEL：03-3802-1900／FAX：03-6800-2916
オンラインサイト：www.office-sunny.shop

発達が気になる子への
読み書き指導ことはじめ

2016年6月1日初版発行
2018年5月1日初版第3刷発行

著者	鴨下賢一
発行者	荘村明彦
発行所	中央法規出版株式会社
	〒110-0016　東京都台東区台東3-29-1 中央法規ビル
営　業	TEL 03-3834-5817　FAX 03-3837-8037
書店窓口	TEL 03-3834-5815　FAX 03-3837-8035
編　集	TEL 03-3834-5812　FAX 03-3837-8032
	http://www.chuohoki.co.jp/
装幀	mg-okada
本文デザイン・CD-ROM制作　タクトシステム株式会社	
イラスト	あべまれこ
印刷・製本	図書印刷株式会社

ISBN978-4-8058-5274-3

定価はカバーに表示してあります。
落丁本・乱丁本はお取替えします。
本書のコピー、スキャン、デジタル化等の無断複製は、著作権法上での例
外を除き禁じられています。また、本書を代行業者等の第三者に依頼して
コピー、スキャン、デジタル化することは、たとえ個人や家庭内での利用で
あっても著作権法違反です。

関連書籍のご案内

苦手が「できる」にかわる！
発達が気になる子への生活動作の教え方

保育士さん、ご両親から大好評!!

- 鴨下賢一=編著／立石加奈子・中島そのみ=著
- 定価 本体1,800円（税別）／B5変形判／182頁
- 2013年3月発行　ISBN978-4-8058-3787-0

「運動が苦手」、「道具を使うのが苦手」など、子どもたちの"できない原因"を作業療法の視点で解説し、それぞれに応じたサポート方法をわかりやすく紹介！

学校が楽しくなる！
発達が気になる子へのソーシャルスキルの教え方

学校でも、ご家庭でも！指導法満載

- 鴨下賢一=編著／立石加奈子・中島そのみ=著
- 定価 本体1,800円（税別）／B5変形判／182頁
- 2013年8月発行　ISBN978-4-8058-3854-9

小学校などでの集団生活への適応が難しい子どもたちへの指導方法を、家庭と学校の場面別にわかりやすく解説。できない原因を類型化し、原因に応じた指導方法を提示する。

発達が気になる子へのスモールステップではじめる生活動作の教え方

スモールステップでの手順がわかりやすいと大好評!!

- 鴨下賢一=著
- 定価 本体1,800円（税別）／B5変形判／160頁
- 2018年1月発行　ISBN978-4-8058-5620-8

『発達が気になる子への生活動作の教え方』の姉妹本。生活動作を獲得するために不可欠な手先の動きや、必要性や苦手度の高い動作について、基本の「き」からスモールステップで詳細に、丁寧にその方法や手順を解説。生活動作で躓く子どもにまずは試してほしい内容が満載。